千字文

한석봉(韓石峰)

머리말

　동양 문화권에서의 한자는 빼놓을 수 없는 문자(文字)이다. 그 중에서도 우리 조상들은 먼 옛날부터 한자를 익혀 서로의 의사를 소통하고, 글을 짓고 그 속에 담긴 심오한 뜻을 인생의 좌우명으로 삼아 세상을 슬기롭게 살아갔으며 훌륭한 문화유산을 후손에게 물려주었다.

　천자문(千字文)은 중국 양(梁)나라의 무제(武帝)가 주흥사(周興嗣)에게 명하여 지은 글이라 전해 오고 있다. 우리나라에서는 조선 선조 때 명필 한호(韓濩)가 왕명을 받아 천자문을 썼으며 오늘날까지 전해 오고 있는 이른바《한석봉 천자문》이 바로 이 책이다. 이 책에서는 독자들의 편의를 위해 우측 상단의 원 안에 현재 쓰이고 있는 한자를 표기하였으므로, 이해하기가 쉬우리라 믿는다.

　한호(1543~1605)는 자가 경홍(景洪), 호는 석봉(石峰)·청사(晴沙)이며, 왕희지(王羲之)·안진경(顔眞卿)의 필법을 익혀 해서(楷書)·행서(行書)·초서(草書) 등의 각 체에 뛰어난 글씨의 천재로 추사(秋史) 김정희(金正喜)와 함께 조선조 서예계의 쌍벽을 이룬 인물이다.

　천자문은 태초(太初)의 자연현상으로부터 인류도덕에 이르는 제반의 지식용어를 수록했고 예부터 한문학습의 글로 널리 사용하였으며 사언고시(四言古詩) 250구 1천 자로 일종의 고시체(古詩體)로 구성되어 있다.

　한편,《명심보감(明心寶鑑)》은 인격수양을 위한 한문 교양서로 고려 충렬왕 때 명신(名臣) 추적(秋適)이 중국 고전에서 잠언 163 토막을 발췌하여 엮은 책으로 그 내용으로는 계선(繼善)·천명(天命)·권학(勸學)·치가(治家) 등 24 부문으로 구성되어 있다.

　《천자문》과《명심보감》을 공부하면 기초한자를 익히는 것은 물론 바른 생활의 가치관을 정립하는 데 큰 도움이 될 것이다. 부록으로는 한자 부수의 명칭과 두 가지 이상의 음을 가진 한자와 모양이 비슷한 한자를 실었으므로 한자 공부에 큰 도움이 되리라 믿는다.

차 례

머리말 · 3

천자문(千字文) · 5

명심보감(明心寶鑑) · 69

한자 부수의 명칭 · 114

두 가지 이상의 음을 가진 한자 · 117

모양이 비슷한 한자 · 139

天	地	玄	黃
一 二 天	一 十 土 地 地	、 一 ナ 玄 玄	廿 苦 苗 黃 黃
하늘, 하느님, 임금 **천**	땅 **지**	검을, 오묘할, 현손 **현**	누를, 서두를, 성(姓) **황**

풀이 : 하늘은 검고 땅은 누렇다. 하늘과 땅의 빛깔.

宇	宙	洪	荒
、 宀 宁 宇 宇	宀 宁 宙 宙 宙	氵 汁 汁 洪 洪	、 艹 艹 芒 荒
집, 하늘, 도량 천지사방 **우**	하늘, 무한한 시간, 집 **주**	큰물, 클, 넓을 **홍**	거칠, 흉년들, 버릴 **황**

풀이 : 하늘과 땅 사이는 한없이 넓고 커서 끝이 없다

日	月	盈	昃
丨 冂 日 日	丿 刀 月 月	丿 乃 及 盈 盈	冂 日 尸 昃 昃
날, 해, 낮, 접때 **일**	달, 세월 **월**	아득할, 넘칠, 남을 **영**	기울, 희미할, 곁, 모 **측**

풀이 : 해는 서쪽으로지고 달은 한 달에 한번 이지러지다가 찬다.

辰	宿	列	張
一 厂 戶 辰 辰	宀 宁 宿 宿 宿	一 歹 歹 列 列	弓 引 張 張 張
다섯째지지, 별이름 **진**	잘, 지킬, 오랠 별 **숙**	줄, 벌일, 차례 **렬**	자랑할, 고집할, 원인 **장**

풀이 : 별들도 각각 제 위치가 있어서 하늘에 넓게 벌여 있다.

도움 한자

天下(천하) : 하늘 아래 온 세상
地殼(지각) : 지구의 겉껍데기
洪規(홍규) : 큰 계략, 대계(大計)
荒蕪地(황무지) : 손을 대어 거두지 않고 내버
　　　　　　　려 두어 거칠어진 땅
日出(일출) : 해가 뜸

月朔(월삭) : 그 달의 초하룻날
辰末(진말) : 전날 시간으로 진시의 마지막 시
　　　　　간, 즉 오전 9시 바로 전
辰星(신성) : 시각을 측정하는 기준이 되는 별
張本人(장본인) : 나쁜 일의 근본이 되는 사람
　　　　　　　을 일컫는 말

寒	来(來)	暑	往
宀宀宲寒寒	一厂厼來來	日旦㫒暑暑	彳彳彳徃往
찰, 곤궁할, 추위 **한**	올, 다가올, 앞으로 **래**	더위, 더울, 여름 **서**	갈, 옛, 이따금 **왕**

풀이 : 추위가 오면 더위가 간다.

秋	收	冬	藏
一千禾利秋	丨丩屮屮收	丿夂冬冬冬	艹艹广蓊藏
가을, 때, 해, 성(姓) **추**	거둘, 잡을 **수**	겨울 **동**	감출, 곳집, 서장 **장**

풀이 : 가을에는 곡식을 거두어들이고 겨울에는 거둔 곡식을 갈무리한다.

閏	餘	成	歲
丨門門閏閏	今食飠飴餘	丿厂成成成	止广芦歲歲
윤달 **윤**	남을, 나머지, 다른 **여**	이룰, 될 **성**	해, 해마다, 나이 **세**

풀이 : 1년의 남은 시간들을 모아서 4년마다 한 차례씩 윤년을 두었다.

律	呂	調	陽
彳彳彳律律	口口口吕呂	言訶訊調調	阝阝阻陽陽
법, 음률, 절제 **률**	음률, 성, 등뼈 **려**	고를, 맞을, 아침 **조**	해, 양지, 양기 **양**

풀이 : 사계절에 맞는 육률과 육려로 천지간의 음률을 조절한다.

도움 한자

寒氣(한기) : 추운 기운, 추위
來日(내일) : 오늘의 다음날
暑天(서천) : 여름 하늘
往事(왕사) : 지나간 일
秋顔(추안) : 늙은 얼굴
冬毛(동모) : 가을철의 새나 짐승이 보유하고 있는 털
閏年(윤년) : 윤달이 든 해
成果(성과) : 일이 이루어진 결과
六呂(육려) : 십이율 가운데 음성에 딸린 여섯 가지 소리
陽狂(양광) : 거짓으로 미친 체함

雲	騰	致	雨
一 二 雪 雲 雲	月 月' 胖 騰 騰	一 乙 至 致 致	一 一 一 雨 雨 雨
구름, 하늘　　운	오를　　등	이를, 보낼, 맡길　　치	비　　우

풀이 : 수증기가 올라가서 구름이 되고 찬 기운을 만나 비가 된다.

露	結	爲	霜
一 雨 雲 雲 露	幺 糸 紗 結 結	一 爫 户 爲 爲	一 雨 雲 霜 霜
이슬, 드러날　　로	맺을, 맺힐, 끝맺을　　결	위할, 할, 만들　　위	서리, 해, 백발　　상

풀이 : 이슬이 맺혀서 찬 기운에 닿으면 서리가 된다.

金	生	麗	水
丿 人 今 숲 金	丿 ㅗ 丄 牛 生	一 丽 丽 麗 麗	丨 丨 丬 水
쇠, 금, 금나라(금)　　금	날, 살, 백성　　생	고울, 빛날　　려	물　　수

풀이 : 금은 중국의 땅이름인 여수에서 나온다.

玉	出	崑	岡
一 丅 干 王 玉	丨 屮 屮 出 出	屮 屮 岀 岸 崑	丨 冂 冂 冈 岡
옥, 사랑할, 이룰　　옥	나올, 나타날, 나아갈　　출	산이름　　곤	산등성이, 언덕　　강

풀이 : 옥은 중국의 산이름인 곤강에서 나온다.

도움 한자

雲集(운집) : 구름같이 모임
雨露(우로) : 비와 이슬
結託(결탁) : 합심하여 서로 도움
霜露(상로) : 서리와 이슬
金權(금권) : 재력의 권세. 곧 돈의 힘
生育(생육) : 낳아서 기름

玉水(옥수) : 맑은 샘물
出家(출가) : 속세를 떠나서 중이 됨
出沒(출몰) : 나타났다 사라졌다 함
出奔(출분) : 달아나 행방을 감춤
崑崙山(곤륜산) : 중국 전설 속에 나오는 산
岡陵(강릉) : 언덕이나 작은 산

劍	號	巨	闕
ノ 人 스 슝 食 劍	ㅁ 딿 딿 號 號	一 厂 下 曰 巨	丨 門 門 闕 闕
칼　　　　　　　검	부를, 이름, 부르짖을　호	클, 많을, 어찌　거	대궐, 팔, 뚫을　궐

풀이 : 거궐은 칼 이름이며 중국 조나라의 구야자가 만든 보검이다.

珠	稱	夜	光
一 王 王' 珠 珠	一 禾 利 稱 稱	丶 亠 广 疒 夜	丨 丨 业 光 光
진주, 구슬　주	칭찬할, 알맞을　칭	밤, 풀이름　야	빛, 세월, 경치　광

풀이 : 구슬의 빛이 낮같이 밝으므로 야광이라 일컫는다.

果	珍	李	奈
ㅁ 日 旦 果 果	一 T 珍 珍 珍	十 才 本 李 李	一 木 杢 杢 奈
실과, 과연　과	보배, 보배로울　진	오얏나무, 성, 다스릴　리	나, 내, 능금나무　내

풀이 : 실과 중에서는 오얏과 능금이 가장 보배롭다.

菜	重	芥	薑
一 艹 艹 荢 菜	一 千 亓 盲 重	一 艹 艹 芥 芥	丶 苢 苣 萬 薑
나물, 캘　채	무거울, 중할, 거듭할　중	겨자, 티끌　개	생강　강

풀이 : 채소 중에는 겨자와 생강이 제일 중하다.

도움 한자

劍客(검객) : 검술을 잘하는 사람
號令(호령) : 지휘하는 명령. 큰소리로 꾸짖음
稱頌(칭송) : 공덕을 칭찬하여 기림
夜不談鬼(야불담귀) : 밤에는 귀신 이야기를 하지 않음
珍景(진경) : 진귀한 경치나 구경거리

珍味(진미) : 썩 좋은 음식의 맛
珍品(진품) : 진귀한 물품
李杜(이두) : 이백(李白)과 두보(杜甫)
奈何(나하) : 어찌하여
重病(중병) : 몹시 심한 병
重用(중용) : 중요한 자리에 임명하여 부림

海	鹹	河	淡
氵汁汒洘海	丆丙酉鹹鹹	丶氵汀汇河	氵汁沙浐淡
바다 해	짤 함	물, 내 하	싱거울, 민물, 담백할 담

풀이 : 바닷물은 짜고 냇물은 싱겁고 맛도 없다.

鱗	潛	羽	翔
币 魚 鱗 鱗 鱗	氵汙洨潜潛	丁 彐 习 羽 羽	丷 羊 夠 翔 翔
비늘, 물고기 린	몰래, 가라앉을 잠	깃, 날개, 새 우	날, 돌아볼, 삼갈 상

풀이 : 물고기들은 물 속으로 잠기고 새들은 공중으로 날아 오른다.

龍	師	火	帝
亠 弃 育 龍 龍	亻 白 自 師 師	丶 丷 少 火	丶 宀 产 帝
용, 임금 룡	스승, 전문가 사	불, 화성(별이름) 화	임금, 하느님 제

풀이 : 고대의 제왕이던 복희씨는 용으로 벼슬 이름을 붙이고 신농씨는 불로 벼슬 이름을 붙였다.

鳥	官	人	皇
亻 户 鳥 鳥 鳥	丶 宀 宀 官 官	丿 人	丶 冂 白 皇 皇
새 조	벼슬, 기능 관	사람, 타인, 백성 인	임금, 클, 성할, 성(姓) 황

풀이 : 소호씨는 새 이름으로 벼슬을 기록하고 황제는 인문을 갖추어 인황이라 하였다.

도움 한자

海東(해동) : 우리나라의 별칭
海恕(해서) : 널리 용서함
海峽(해협) : 육지와 육지 사이에 끼어 있는 바다의 좁은 부분
淡水(담수) : 짠맛이 없는 맑은 물
鱗傷(인상) : 몸에 상처가 많음

翔泳(상영) : 날아가는 새와 헤엄치는 물고기
帝政(제정) : 황제의 정치
龍馭(용어) : 임금의 죽음
鳥蛤(조합) : 새조개
皇考(황고) : 죽은 아버지를 높여 부르는 말
皇天(황천) : 넓고 큰 하늘

始	制	文	字
ㄴㄥ 女 始 始	ノ ㄷ ㅌ 伟 制	、一ナ文	丶 宀 宀 宀 字
비로소, 처음, 바야흐로 **시**	억제할, 법도, 정할 **제**	글월, 글자, 꾸밀 **문**	글자, 사랑할, 기를 **자**

풀이 : 복희씨는 창힐을 시켜 글자를 처음으로 만들었다.

乃	服	衣	裳
ノ乃	ノ 月 肝 肸 服	一ナ大衣衣	丷 뽀 붑 붑 붑
곧, 너, 접때 **내**	옷, 일, 직책, 좇을 **복**	옷, 웃옷, 입을 **의**	아랫도리옷 **상**

풀이 : 황제 때에 호조라는 사람이 옷을 처음으로 만들어 입게 했다.

推	位	讓	國
扌 才 扩 扪 推	ノ イ 亻 仁 位	言 計 評 讓 讓	ㅣ 冂 冋 國 國
옮길, 밀, 천거할 **추**	자리, 지위, 위치 **위**	겸손할, 넘겨줄 **양**	나라 **국**

풀이 : 천자의 자리와 나라를 제요가 제순에게 넘겨 주었다.

有	虞	陶	唐
ノ ナ 才 有 有	一 卢 庐 虍 虞	阝 阝 阝 陶 陶	丶 广 庐 庚 唐
있을, 가질 **유**	염려할, 근심할 **우**	질그릇 **도**	당황할, 당나라 **당**

풀이 : 유우는 제순이고 도당은 제요이니 두 사람은 모두 고대 중국의 제왕이었다.

도움 한자

始根(시근) : 근본의 원인
始終(시종) : 처음과 끝, 줄곧, 항상
制定(제정) : 제도, 문물 등을 정함
服務(복무) : 직무에 힘씀
衣類(의류) : 몸에 입는 옷의 총칭
裳裳(상상) : 당당하고 화려한 모양

推移(추이) : 변하여 옮김
讓位(양위) : 임금의 자리를 물려줌
有望(유망) : 앞으로 잘 될 것 같음
有表(유표) : 여럿 속에서 특별히 두드러짐
陶器(도기) : 질그릇. 오지그릇
唐詩(당시) : 중국 당나라 때의 시

吊	民	伐	罪
ㄱㄱ弓吊	ㄱㄱㄕ民民	ノイ代伐伐	丶四罒罪罪
조상할 조	백성 민	벨, 칠, 자랑할 벌	허물, 죄줄 죄

풀이 : 불쌍한 백성을 구하고 죄를 지은 백성에게는 벌을 내렸다.

周	發	殷	湯
ノ几月用周	癶癶癶癶發	ノ𠂉𦣻𦥁殷	氵汀洹湯湯
두루, 둘레, 나라이름 주	필, 쏠, 일어날 발	성할, 나라이름 은	끓일, 온천, 탕약 탕

풀이 : 주발은 중국 무왕의 이름이고, 은탕은 은나라의 탕왕을 말한다.

坐	朝	問	道
ノ⺀坐坐坐	一古車朝朝	ㅣ卩門問問	丷䒑首道道
앉을, 자리, 위치 좌	아침, 조정, 왕조 조	물을, 문초할 문	길, 왕도, 구역이름 도

풀이 : 왕이 조정에 앉아 신하에게 백성들을 올바로 다스리는 길을 물었다.

垂	拱	平	章
丶⺁𠂉丘垂	一才扌拱拱	一⺀三平	一产产音章
드리울, 거의, 끼칠 수	팔짱낄, 아름, 옥 공	평평할 평	글, 밝힐, 도장 장

풀이 : 왕이 몸을 공손히 하고 백성을 밝고 평화스럽게 다스리는 길을 물었다.

도움 한자

弔恤(조휼) : 불쌍히 여겨 구휼함
弔橋(적교) : 양쪽 언덕에 줄이나 쇠사슬 등을 건너질러 매달아 놓은 다리
伐採(벌채) : 나무를 베어냄.
周敦頤(주돈이) : 중국 송나라 때의 유학자
坐事(좌사) : 그 사건에 휩쓸림

問候(문후) : 어른의 안부를 물음
垂老(수로) : 거의 노인이 됨. 칠십에 가까운 노인을 가리킴
拱把(공파) : 한 아름과 한줌 또는 그만한 크기
平定(평정) : 난리를 가라앉혀 평온하게 함
章表(장표) : 표시를 붙여 나타냄

愛	育	黎	首
爫�罒𢖻愛	亠𠫓产育育	禾黎黎黎	丶䒑芍首首
사랑, 그리워할, 아낄 **애**	기를, 자랄, 낳을 **육**	검을, 무리 **려**	머리, 우두머리, 자백할 **수**

풀이 : 왕은 백성을 마땅히 사랑하고 돌보아야 된다.

臣	伏	戎	羌
丨厂𦣝臣臣	亻亻仕伏伏	厂𢦏式戎戎	丶丷羊羊羌
신하, 신 **신**	숨을, 굴복할, 감출 **복**	군사, 오랑캐 **융**	오랑캐 **강**

풀이 : 덕으로 나라를 다스리면 오랑캐들까지도 그 덕에 감복하여 복종한다.

遐	邇	壹	體
𠃌𠃌𠳍𠱏遐	𠂉厂用爾邇	十土声壹壹	口骨體體體
멀 **하**	가까울 **이**	하나, 통일할, 합할 **일**	몸, 몸소, 근본 **체**

풀이 : 멀고 가까운 나라가 왕의 덕에 감동되어 하나가 된다.

率	賓	歸	王
亠玄率率率	宀宀㝎賓賓	𠂆㐆𠂤歸歸	一丅千王
거느릴, 앞장설 **솔**	손님, 인도할 **빈**	돌아올, 돌아갈 **귀**	임금, 으뜸 **왕**

풀이 : 왕의 덕에 감화되어 모두 이끌고 왕에게로 돌아온다.

도움 한자

育英(육영) : 인재를 기름. 영재를 교육함
黎明(여명) : 희미하게 밝아올 무렵. 희망의 빛
臣工(신공) : 군신과 백관들
臣民(신민) : 군주국의 국민
戎華(융화) : 미개한 오랑캐와 문화가 발달한 중화
遐方(하방) : 서울을 중심으로 하여 먼 곳

遐壽(하수) : 보통 사람보다 오래 삶
體感(체감) : 몸에 느끼는 감각
率家(솔가) : 객지에 살면서 모든 식구들을 데려감
賓客(빈객) : 귀중한 손님.
歸任(귀임) : 임지로 돌아감

鳴	鳳	在	樹
ㅁ ㅁㅏ ㅁㅏ 鳴 鳴	几 凡 凨 鳳 鳳	一 ナ ナ 在 在	十 木 村 柎 樹
울, 울릴 　명	봉황, 새 　봉	있을, 살, 곳 　재	나무, 세울, 심을 　수

풀이 : 성현이나 명군이 나타나면 봉황이 나무 위에서 운다.

白	駒	食	場
′ ⺊ 白 白 白	⺈ 馬 馬 駒 駒	人 今 今 食 食	土 圠 垍 場 場
흰, 깨끗할, 밝을 　백	말, 망아지 　구	밥 　식	마당, 곳 　장

풀이 : 왕의 감화는 흰 망아지에게까지도 미쳐서 즐겁게 풀을 뜯어먹는다.

化	被	草	木
′ 亻 化 化	⺍ 衤 衤 衻 被	⺍ 艹 艹 苩 草	一 十 才 木
화할, 교화, 덕화 　화	이불, 입을, 덮을 　피	풀, 거칠, 시작할 　초	나무, 관, 질박할 　목

풀이 : 왕의 덕화는 사람이나 짐승뿐 아니라 풀과 나무에게까지도 미친다.

賴	及	萬	方
束 東 軟 賴 賴	ノ ア 乃 及	艹 甘 萬 萬 萬	、 亠 方 方
의뢰할, 착할 　뢰	미칠, 및, 과 　급	일만, 많을, 만약 　만	모, 향할, 방위 　방

풀이 : 만방에 어진 덕이 고르게 미친다.

도움 한자

鳳饑不啄粟(봉기불탁속):봉은 굶주려도 좁쌀을 쪼지 않음. 곧 굳은 절개를 말함
樹立(수립):굳게 섬. 굳게 세움
白晝(백주):대낮
食言(식언):약속한 말대로 실행하지 않음
場外(장외):어떤 장소의 바깥

化俗(화속):속세인들을 교화함
被告(피고):소송을 당한 사람
草案(초안):안건을 기초(起草)함
及第(급제):과거에 합격함. 시험에 합격함
萬感(만감):복잡한 감정. 온갖 감회
萬丈峯(만장봉):아주 높은 봉우리

蓋	此	身	髮
艹 艹 芸 荳 蓋	丨 丨 止 此 此	丿 丨 勺 甸 身	三 톹 髟 髟 髮
덮을, 대개, 어찌 　개	이, 이에 　차	몸, 몸소, 아이밸 　신	터럭, 머리카락 　발

풀이 : 대개 사람의 몸과 터럭은 부모가 물려주신 소중한 것이다.

四	大	五	常
丨 冂 冂 四 四	一 ナ 大	一 丁 五 五	丬 当 常 常
넉, 넷, 사방 　사	큰, 큰 것 　대	다섯, 다섯번 　오	항상, 늘, 떳떳할 　상

풀이 : 네 가지 큰 것(천·지·군·부)과 다섯 가지 떳떳한 것(인·의·예·지·신)을 말한다.

恭	惟	鞠	養
一 卄 恭 恭 恭	丶 忄 忄 忄 惟	艹 革 靪 靪 鞠	丷 丯 养 养 養
공손할, 받들 　공	오직, 생각할 　유	기를, 문초받을, 성 　국	기를, 가르칠, 받들 　양

풀이 : 부모가 나를 길러 주셨으니 그 은혜를 공손히 생각해야 한다.

豈	敢	毁	傷
山 屮 豈 豈 豈	工 王 耳 耵 敢	丶 臼 皇 皍 毁	亻 仁 伯 俏 傷
어찌 　기　개가 　개	견딜성 있을 　감	헐, 무너질 　훼	다칠, 해칠, 근심할 　상

풀이 : 부모가 물려주신 이 몸을 어찌 다치게 할 수 있으랴.

도움 한자

蓋世(개세) : 기상이나 위력이 세상을 덮을 만큼 뛰어남
身病(신병) : 몸에 생긴 병
四時春(사시춘) : 항상 봄과 같음. 항상 명랑함
大同之論(대동지론) : 여러 사람의 공론
惟一(유일) : 오직 하나

養生(양생) : 병에 걸리지 않도록 몸을 건강하게 하여 오래 살기를 꾀함
豈樂(개악) : 전쟁에서 승리하고 돌아올 때 연주하는 음악
敢勇(감용) : 과감하고 용맹함
傷痕(상흔) : 다친 자리의 흔적

女	慕	貞	烈
ㄑㄨ女	艹苩莫慕慕	丶亠广片肖貞	一ㄅㄉ列烈
계집, 딸, 시집보낼　녀	사모할, 생각할　모	곧을　정	세찰, 굳셀　렬

풀이 : 여자는 정조를 굳게 지키고 행동거지가 단정해야 한다.

男	效	才	良
口田田男男	亠亠亥芍效	一十才	、ㄱㅋ艮良良
사내, 아들　남	본받을, 힘쓸　효	재주, 겨우　재	어질, 좋을　량

풀이 : 남자는 모름지기 재능을 닦고 어진 것을 본받아야 한다.

知	過	必	改
ノ㇁矢知知	冂冃局過過	丶ソ必必必	ㄱㄹ리라改
알, 깨달을　지	지날, 예전, 허물　과	오로지, 반드시　필	고칠　개

풀이 : 자신의 허물을 알면 즉시 고친다.

得	能	莫	忘
彳伃伊得得	厶育育能能	艹艹苩莒莫	亠亡亡忘忘
얻을, 만족할　득	능할, 재능　능	아득할　막	잊을　망

풀이 : 능함을 알거든 잊지 않도록 노력한다.

도움 한자

貞淑(정숙) : 여자의 지조가 굳고 얌전함
烈士(열사) : 절의를 굳게 지키는 선비
男婚女嫁(남혼여가) : 남자는 장가가고 여자는 시집감
才談(재담) : 재치 있게 하는 재미스러운 말
才德(재덕) : 재주와 덕행

知覺(지각) : 알아 깨달음. 사물을 이해하는 감각을 일컬음
過勞(과로) : 일 따위로 지나치게 피로하게 됨
得達(득달) : 목적을 이룸
能文(능문) : 문장을 짓는 솜씨가 능숙함
忘却(망각) : 잊어버림

罔	談	彼	短
丨門門罔罔	言訁談談談	彳彳彳彼彼	亠矢知短短
그물, 없을, 속일 **망**	이야기 **담**	저편, 저 **피**	짧을, 허물 **단**

풀이 : 남의 허물을 알았어도 결코 탓하거나 말하지 않는다.

靡	恃	己	長
广庄麻靡靡	忄忄忄忄恃	𠃌乛己	丨ᅩ長長長
없을, 아닐 **미**	믿을, 의뢰할 **시**	몸소, 몸 **기**	길, 나을, 자랄 **장**

풀이 : 자기의 장점을 믿고 자랑하지 않으면 더욱 발달한다.

信	使	可	覆
亻亻亻信信	亻亻亻使使	一丁丂可可	覀覀覆覆覆
믿을, 편지, 표지 **신**	부릴, 사신 **사**	옳을, 허락할 **가**	덮을 **복**

풀이 : 믿음은 움직일 수 없는 진리이므로 남과의 약속은 지켜야 한다.

器	欲	難	量
口吅吅㗊器	八公谷谷欲	廾茁莫難難	口旦昌量量
그릇, 재능 **기**	바랄, 하고자 할 **욕**	어려울, 비난할 **난**	양, 되, 헤아릴 **량**

풀이 : 사람의 재능은 매우 깊어서 그 정도를 헤아리기가 어렵다.

도움 한자

罔然(망연):멍한 모양. 상심한 모양
談笑(담소):웃으며 이야기함
靡寧(미령):어른이 병으로 인하여 몸이 편하지
　　　　　못함
恃賴(시뢰):믿고 의지함
恃寵(시총):총애를 받음

信望(신망):믿고 바람. 믿음과 덕망
覆考(복고):이리저리 바꾸어 가며 거듭 생각함
覆面(복면):얼굴을 보이지 않게 가림
欲求(욕구):탐냄, 구함. 바람
量器(양기):물건의 양을 헤아리는 데 쓰는 모
　　　　　든 기구

墨	悲	絲	染
口日里黑墨	ㅣㅋ非悲	么糸絲絲	氵汎染染
먹, 어두울 묵	슬플, 슬퍼할 비	실, 거문고 사	물들일, 옮을 염

풀이 : 흰실에 검은 물을 들이면 다시는 하얗게 되지 못함을 슬퍼한다.

詩	讚	羔	羊
言訁詩詩	言訁詩讚讚	羊羔羔	兰羊
시, 받들 시	기릴, 도울 찬	양새끼 고	양 양

풀이 : 시경에 중국 주나라 문왕의 덕이 미쳤던 일을 칭찬한 말이다.

景	行	維	賢
日旦景景	彳行行	糸紳維	臤賢
빛, 경치, 클 경	다닐, 행실 행	바, 맬, 오직 유	어질, 어진 사람 현

풀이 : 행실을 바르고 빛나게 하는 이는 어진 사람이 될 수 있다.

剋	念	作	聖
古克剋	今念念	亻作作	耳聖聖
이길 극	생각, 욀 념	만들, 지을, 일할 작	성인, 천자, 거룩할 성

풀이 : 마음에 깊이 간직하고 수양에 전념하면 성인이 될 수 있다.

도움 한자

悲壯(비장) : 슬픔 속에 오히려 씩씩한 기운이 있음
悲痛(비통) : 몹시 슬퍼서 마음이 아픔
染色(염색) : 피륙 등에 물을 들임
詩抄(시초) : 시를 골라내어 적은 책
讚美(찬미) : 아름다운 덕을 기림

讚頌(찬송) : 덕을 찬미하여 말하며 기림
景命(경명) : 하늘의 큰 명령
維持(유지) : 지탱해 나감. 버티어 나감
剋減(극감) : 깎아내어 줄임
剋勉(극면) : 사욕을 이기고 일에 부지런함
聖學(성학) : 성인이 가르치거나 닦아 놓은 학문

德	建	名	立
彳 彳 德 德 德	冖 聿 聿 津 建	ク タ タ 名 名	丶 亠 亠 亣 立
큰, 은혜, 은덕　　덕	세울, 일으킬　　건	이름, 이름날　　명	설, 세울, 이룰　　립

풀이 : 덕으로서 선행을 이루면 그 이름 또한 아름답게 선다.

形	端	表	正
二 F 开 形 形	立 壮 峅 端 端	十 主 キ 表 表	一 丅 下 正 正
꼴, 얼굴, 형세　　형	단정할, 바를　　단	겉, 나타날, 뛰어날　　표	바를　　정

풀이 : 사람의 모습이 단정하고 깨끗하면 정직함이 겉으로 나타난다.

空	谷	傳	聲
丶 宀 宂 空 空	丶 八 父 父 谷	亻 伫 伸 傳 傳	声 声 殸 磬 聲
빌, 하늘, 헛될　　공	골, 궁할　　곡	전할, 펄, 전기　　전	목소리, 명예, 밝힐　　성

풀이 : 빈 골짜기에서 소리를 지르면 그대로 전해진다.

虛	堂	習	聽
广 虍 虐 虛 虛	丷 屵 岺 堂 堂	ㄱ ㄱ 羽 習 習	耳 耵 聰 聽 聽
빌, 하늘, 헛될　　허	집, 대청, 친척　　당	익힐, 버릇, 익숙할　　습	들을, 염탐　　청

풀이 : 빈 집에서 소리를 내면 잘 들린다.

도움 한자

德澤(덕택):은덕이 다른 사람에게 미치는 혜택을 이름
建國(건국):나라를 세움
名聲(명성):세상에 널리 퍼져서 평판이 자자한 이름
形狀(형상):물체의 생긴 모양

端直(단직):단정하고 정직함
端雅(단아):단정하고 아담함
正道(정도):사람이 행해야 하는 바른길
谷泉(곡천):골짜기에서 흐르는 샘물
虛禮(허례):겉으로만 꾸민 예절
習作(습작):익히기 위해 지은 작품

禍	因	惡	積
千 示 和 禍 禍	冂 日 冈 因 因	一 厂 亞 惡	禾 秒 秸 積 積
재화, 재앙　　화	인연, 원인, 말미암을 인	나쁠, 모질　　악	쌓을, 넓이　　적

풀이 : 재앙을 당하는 것은 평소에 악을 쌓았기 때문이다.

福	緣	善	慶
千 示 祁 福 福	糹 紆 絲 緣 緣	丷 羊 姜 善 善	广 庐 庐 慶 慶
착할, 복, 음복　복	연분, 인할, 좇을 연	착할, 좋을, 잘할 선	경사, 하례할　경

풀이 : 착하고 경사스러운 일이 있음으로써 복이 생긴다.

尺	璧	非	寶
一 コ 尸 尺	尸 辟 辟 壁 璧	l ㅑ 非 非 非	宀 宀 宲 寶 寶
자, 가까울, 편지 척	둥근옥, 별이름 벽	아닐, 그를, 나무랄 비	보배, 옥새　　보

풀이 : 한 자나 되는 구슬은 귀할지 모르나 반드시 보배라고 할 수는 없다.

寸	陰	是	競
一 十 寸	阝 阡 陰 陰 陰	冂 日 旲 旲 是	立 音 竟 竞 競
마디, 촌수　　촌	그늘, 흐릴, 몰래 음	옳을, 바로잡을 시	다툴, 갑작스러울 경

풀이 : 부모를 섬기기 위해서는 마땅히 힘과 정성을 다 쏟아야 한다.

도움 한자

禍咎(화구) : 재앙과 허물
惡毒(악독) : 마음이 흉하고 독살스러움
緣由(연유) : 까닭, 사유
慶賀(경하) : 경사를 치하함
璧水(벽수) : 성균관이나 문묘에 있는 연못
非夢似夢(비몽사몽) : 꿈인지 생시인지 어렴풋한 상태를 말함
寶庫(보고) : 귀중한 재물을 쌓아두는 곳집
寸數(촌수) : 친족 사이의 멀고 가까운 관계
陰謀(음모) : 남이 모르게 일을 꾸미는 일
是正(시정) : 잘못된 것을 바로 잡음
競爽(경상) : 서로 다투어 명예를 차지하려 함

資	父	事	君
丶 冫 次 咨 資 資	丿 八 ⺝ 父	一 ｢ ｢ ｢ ｢ 事	一 ㄱ ㄱ 尹 君 君
재물, 자본　　　　자	아비, 아버지　　　부	일, 섬길, 부릴　　　사	임금, 남편, 자네　　군

풀이 : 자기의 아버지를 섬기는 효도의 도리로서 임금을 섬겨야 한다.

曰	嚴	與	敬
一 冂 日 曰	吅 严 严 嚴 嚴	丿 ⺍ 臼 與 與	艹 艹 苟 苟 敬
가로되　　　　왈	엄할, 혹독할, 성　엄	더불어할, 편들　여	공경할, 삼갈　　경

풀이 : 가로되 그것은 오직 엄숙함과 공경함이 있어야 한다.

孝	當	竭	力
土 耂 耂 考 孝	丨 ⺌ 尚 當 當	立 妇 妇 妇 竭	フ 力
효도, 상복입을　효	마땅할, 당할　당	다할　　　　　갈	힘, 힘쓸, 하인　력

풀이 : 부모에게 효도를 할 때에는 마땅히 힘을 다 써야 한다.

忠	則	盡	命
口 中 忠 忠 忠	冂 目 貝 貝 則	曰 聿 聿 盡 盡	入 亼 合 命 命
충성, 정성스러울　충	곧　　　　　즉	다할, 모두　진	목숨, 운명, 명령할　명

풀이 : 충성한즉 목숨을 다하니 임금을 섬기는 데 몸을 아껴서는 안 된다.

도움 한자

資料(자료) : 일의 바탕이 될 재료
事相(사상) : 일이 되어 가는 형편
嚴侍下(엄시하) : 어머니는 돌아가시고 아버지만 생존함을 이르는 말
與件(여건) : 추리나 연구의 출발점으로서 주어지거나 가정된 사물

敬恭(경공) : 존경하여 공경함
當世(당세) : 그 시대의 세상
竭産(갈산) : 모든 재산을 없앰
忠諫(충간) : 충성을 다하여 간함
命名(명명) : 사람이나 물건의 이름을 지음
盡力(진력) : 힘 닿는 데까지 다함

臨	深	履	薄
丨 尸 臣 阽 臨	氵 冫 沪 浑 深	尸 厈 屄 屄 履	艹 艹 萡 蒲 薄
임할, 볼, 그릴 **림**	깊을, 깊게 할, 깊이 **심**	신, 밟을, 복 **리**	얇을, 야박할 **박**

풀이 : 깊은 곳에 임하듯 하며 얇은 곳을 밟듯이 모든 일에 조심해야 한다.

夙	興	溫	淸
几 凡 凤 夙 夙	丨 刖 刪 興 興	氵 冫 沪 渭 溫	氵 冫 浐 淸 淸
새벽, 예전, 이를 **숙**	일어날, 흥겨운 **흥**	따뜻할, 익힐 **온**	서늘할 **청**

풀이 : 이른 아침에 일어나서 추우면 따뜻하게, 더우면 서늘하게 해 드리는 것이 부모에게 효도하는 길이다.

似	蘭	斯	馨
亻 亻 伫 似 似	艹 門 菛 蘭 蘭	卄 甘 其 斯 斯	声 殸 殸 磬 馨
같을, 비슷할, 본뜰 **사**	난초 **란**	이, 어조사 **사**	향내날 **형**

풀이 : 부모에게 정성을 다하면 난초처럼 멀리까지 향기가 난다.

如	松	之	盛
〈 夕 女 如 如	十 木 杦 松 松	丶 亠 ㇆ 之	丿 厂 成 成 盛
같을, 어찌, 만일 **여**	소나무 **송**	갈, 및, 의 **지**	많을, 담을, 성할 **성**

풀이 : 소나무처럼 군자의 절개는 푸르고 성하다.

도움 한자

臨檢(임검) : 현장에 가서 조사함
深樹(심수) : 깊숙이 우거져 있는 수목
履歷(이력) : 지금까지의 학업.직업 등의 경력
夙夜(숙야) : 이른 아침부터 밤늦게까지
興亡(흥망) : 일어남과 망함
溫故知新(온고지신) : 옛것을 익히고 나아가 새

것을 앎
似類(사류) : 서로 비슷함
蘭燈(난등) : 맑고 아름다운 등
斯界(사계) : 이 부문에 관한 전문 분야
松林(송림) : 소나무 숲
盛年(성년) : 원기 왕성한 젊은 나이

川	流 	不	息
ノ 丿 川	氵 汁 浐 浐 流	一 ア 不 不	亻 自 自 息 息
내　　　　천	흐를, 펼　　　류	아니, 아니할　불	쉴, 아들, 생존할　식

풀이 : 냇물은 쉬지 않고 흐른다.

淵 	澄	取	暎
氵 氵 浐 浐 淵	氵 氵 沙 滲 澄	一 ア 耳 取 取	刂 日 日 暎 暎
못, 웅덩이, 깊을　연	맑을　　　　징	취할, 가질　　취	비칠　　　　영

풀이 : 못의 물이 맑아서 속까지 환히 비친다.

容	止	若	思
宀 宀 宀 容 容	丨 卜 止	艹 艹 艹 若 若	口 田 思 思 思
얼굴, 쉬울, 모습　용	그칠, 머무를, 막을　지	같을, 만약　　약	생각할, 생각, 의사　사

풀이 : 언제나 그치지 말고 자기의 과실 유무를 조용히 생각하는 태도를 가져야 한다.

言	辭 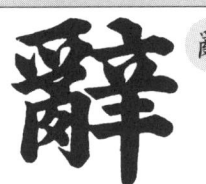	安	定 
亠 亠 言 言 言	爫 乎 乎 辭 辭	宀 宀 宀 安 安	宀 宀 宀 定 定
말씀, 말, 말할　언	말, 사양할, 고할　사	편할, 안존할　안	정할, 반드시　정

풀이 : 태도만 침착하게 하지 말고 말도 안정되게 하여 쓸데없는 말은 삼가야 한다.

도움 한자

川連紙(천련지) : 중국에서 나는 종이의 하나
流俗(유속) : 세상에 돌아다니는 풍속
不動(부동) : 몸을 조금도 움직이지 않음
淵旨(연지) : 깊은 뜻
取汗(취한) : 병을 고치기 위해 땀을 나게 함
暎發(영발) : 광채가 나며 번쩍번쩍 빛남

容易(용이) : 쉬움
若何(약하) : 사정이 어떠함
思索(사색) : 사물의 이치를 파고들어 생각함
言明(언명) : 말로 분명히 나타냄
辭受(사수) : 사양하는 일과 받는 일
安分(안분) : 제 분수를 지켜 편안히 있음

篤	初	誠	美
⺮⺮竹笁篤	亠ネネ初初	亠言訁誠誠	⺍丷羊美美
도타울, 중할 독	처음 초	정성, 참 성	아름다울, 맛날 미

풀이 : 무슨 일을 하더라도 처음에 정성을 기울여야 한다.

慎	終	宜	令
亻忄忄愼愼	幺糸糸終終	宀宀宀宜宜	ノ人𠆢今令
삼갈, 진실로 신	끝날, 끝, 마지막 종	마땅할, 옳을 의	법, 영, 좋을 령

풀이 : 처음에 정성을 기울인 것처럼 끝맺음도 온전히 하는 것이 마땅하다.

榮	業	所	基
⺍⺍⺍⺍榮	⺍⺍⺍⺍業	丆戶所所所	十其其其基
번영할, 명예, 영화 영	업무, 위태할 업	곳, 처소 소	터, 바탕, 비롯할 기

풀이 : 올바른 행실은 출세의 바탕이 된다.

籍	甚	無	竟
⺮⺮笙籍籍	十其其其甚	亠二無無無	亠立音音竟
문서, 밟을 적	심할, 더욱, 깊을 심	없을 무	마침내, 다할, 끝날 경

풀이 : 이같이 하면 명성은 한없이 빛날 것이다.

도움 한자

篤固(독고) : 뜻이 두텁고 굳음
誠心(성심) : 정성어린 마음
美妙(미묘) : 아름답고 묘함
終年(종년) : 일년 내내
宜男(의남) : 아들을 많이 낳는 여자
榮枯(영고) : 무성함과 시듦. 성함과 쇠함

基人(기인) : 기본이 되는 원인
籍帳(적장) : 호구를 기입한 대장으로, 곧 호적부를 말함
甚深(심심) : 심히 깊음
無窮(무궁) : 시간이나 공간의 한이 없음
竟夕(경석) : 하룻밤 동안 밤새도록

學(学)	優(優)	登	仕
배울, 학문, 학교 학	넉넉할, 뛰어날 우	오를, 기재할 등	벼슬, 섬길 사

풀이 : 학문이 뛰어나면 벼슬에 오른다.

攝(摄)	職	從(従)	政
끌어잡을 섭	벼슬, 사업, 맡을 직	좇을, 종사할 종	정사, 법 정

풀이 : 벼슬에 오르면 소신대로 정사를 다룰 수 있다.

存	以	甘	棠
있을, 보존할 존	써, 부터, 까닭 이	맛좋을, 달 감	산앵두나무 당

풀이 : 주나라의 소공이 산앵두나무 밑에서 백성들을 교화시켰다.

去	而	益(益)	詠
갈, 지날, 물리칠 거	너, 뿐, 같을 이	더할, 유익할, 더욱 익	읊을, 노래할 영

풀이 : 소공이 죽은 후 백성들이 그의 덕을 기려 시를 읊었다.

도움 한자

學問(학문):과학을 배우고 연구하는 일. 학식
優待(우대):특별히 대접함
登校(등교):학교에 나감
攝政(섭정):임금 대신 정사를 맡아 봄
攝然(섭연):조용한 모양. 고요한 모양
從業(종업):어떤 사업이나 업무에 종사함

政客(정객):정치 활동을 하는 사람
存亡(존망):존속과 멸망
甘受(감수):달게 받음
去就(거취):가거나 옴
益友(익우):사귀어서 도움이 되는 벗
詠吟(영음):시나 노래를 읊음

樂	殊	貴	賤
自 幼 樂 樂 樂	ㄢ 夕 殊 殊 殊	口 曲 虍 書 貴	目 貝 貯 賤 賤
풍류 　　　　악	다를, 뛰어날 　수	귀할, 귀하게 여길 귀	천할 　　　　천

풀이 : 풍류는 사람들의 귀하고 천함에 따라 달랐다.

禮	別	尊	卑
示 礻 禮 禮 禮	口 另 別 別 別	八 酋 酋 尊 尊	宀 白 申 鱼 卑
예절, 인사 　　례	다를, 떠날, 이별 별	높을, 공경할 　존	낮출, 천할 　　비

풀이 : 예도는 사람들의 높고 낮음에 따라 구별하여 질서를 잡았다.

上	和	下	睦
丶 卜 上	二 千 禾 和 和	一 丁 下	目 睦 睦 睦 睦
윗, 임금, 높을 　상	화할, 순할 　　화	아래, 내릴, 떨어질 하	화목할, 친할 　목

풀이 : 윗 사람이 사랑하고 아랫사람이 공경함으로써 화목이 이루어진다.

夫	唱	婦	隨
一 二 夫 夫	口 唱 唱 唱 唱	女 如 婦 婦 婦	阝 阝 陸 隋 隨
지아비, 사나이 　부	노래부를, 먼저 부를 창	며느리, 지어미, 아내 부	따를 　　　　수

풀이 : 남편이 먼저 노래를 부르면 아내는 그 뒤를 따라 불렀다.

도움 한자

樂園(낙원) : 살기 좋은 장소
樂官(악관) : 옛날 조정에서 음악을 연주하던 벼슬아치
樂山樂水(요산요수) : 산과 물을 좋아함
禮讓(예양) : 예의를 지켜 겸손하게 행동함. 예의를 지켜 사양함

別味(별미) : 별다른 맛
卑劣(비열) : 비굴하고 용렬함
睦友(목우) : 형제 사이가 좋음
唱劇(창극) : 광대 노래의 연극
婦容(부용) : 여자의 몸맵시
隨行(수행) : 따라감

外	受	傅	訓
ノ ク タ 外 外	♡ ♡ ♡ 受 受	亻 亻 亻 佇 傅	㇐ 言 言 訓 訓
바깥, 범위 밖, 외가 외	받을 수	스승, 도울, 붙을 부	가르칠, 새김 훈

풀이 : 밖에 나가면 스승의 가르침을 받아야 한다.

入	奉	母	儀
ノ 入	一 三 夫 表 奉	㇄ 口 口 母 母	亻 伴 伴 儀 儀
들어갈, 빠질 입	받들, 드릴 봉	어미, 할미, 암컷 모	거동, 본받을, 법식 의

풀이 : 집에 돌아와서는 어머니의 행실을 본받고 그 가르침을 지켜야 한다.

諸	姑	伯	叔
言 訃 諅 諸 諸	女 女 妙 姑 姑	亻 亻 亻 伯 伯	丨 ㇐ 扌 扣 叔
모든, 여러 제	시어미, 고모 고	큰아버지 백	아재비, 시동생 숙

풀이 : 고모와 백부 및 숙부는 아버지의 형제 자매이므로 친척이 된다.

猶	子	比	兒
犭 犭 犭 猶 猶	㇐ 了 子	一 ト ト 比	㇇ ㇇ ㇇ 臼 兒
망설일, 같을 유	아들, 딸, 열매 자	견줄, 비례 비	아기, 아들 아

풀이 : 조카들도 자기의 자식들과 같이 대해야 한다.

도움 한자

外親內疎(외친내소) : 겉으로는 가까운 체하고 속으로는 멀리함
訓戒(훈계) : 타일러서 경계함, 또는 그런 말
傅近(부근) : 가까이 함
入棺(입관) : 사체를 관 속에 넣음
奉養(봉양) : 집안의 어른을 받들어 모심

諸般(제반) : 여러 가지 모든 것
姑婦(고부) : 시어머니와 며느리
叔伯(숙백) : 아우와 형
猶子(유자) : 형제의 아들
比來(비래) : 요사이. 근래
兒齒(아치) : 노인의 이가 빠지고 다시 난 이

孔	懷	兄	弟
一了孑孔	忄忄忄忄懷懷	丶口口卩兄	丷丷弟弟弟
구멍, 매우, 성 　공	품을, 생각할 　회	맏, 벗을 높이는 말 　형	아우, 제자 　제

풀이 : 형제는 서로 우애 있게 지내야 한다.

同	氣	連	枝
冂冂同同同	丿𠂉气氕氣氣	一曰車連連	十才木朾枝
함께, 같을, 화할 　동	기운, 숨, 기후 　기	이을, 연할, 끌릴 　련	가지, 버틸, 육손이 　지

풀이 : 형제는 부모의 기운을 물려받았으니 한 나무의 가지와 같다.

交	友	投	分
一亠六亣交	一ナ方友	扌扌扩抄投	丿八分分
사귈, 바꿀, 바뀔 　교	벗, 벗할, 우애 　우	던질, 보낼, 의탁할 　투	나눌, 분명할, 신분 　분

풀이 : 벗을 사귐에 있어서는 서로 분수에 맞는 사람이라야 한다.

切	磨	箴	規
一七切切	广庀庐磨磨	𥫗芹管箴箴	一夫丰規規
끊을, 문지를 　절	갈, 닳을, 맷돌 　마	경계할, 경계 　잠	법, 바로잡을 　규

풀이 : 학문과 덕행을 열심히 갈고 닦아 모든 일에 경계하며 사람으로서의 도리를 지켜야 한다.

도움 한자

孔孟(공맹) : 공자와 맹자
懷柔(회유) : 어루만져 달램
同等(동등) : 등급이나 정도가 같음
氣縮(기축) : 두려워서 기가 움츠러 듬
連席(연석) : 여러 사람이 한데 늘어앉음, 또는
　　　　　 그 자리

交婚(교혼) : 서로 혼인을 함
友直(우직) : 정직한 사람을 벗으로 삼음
投稿(투고) : 신문, 잡지 등에 실릴 원고를 보냄
切實(절실) : 아주 적절함
磨崖(마애) : 석벽에 글자나 그림을 새김
規誨(규회) : 바로잡고 타이름

仁 慈(慈) 隱(隱) 惻
ノイ仁仁　　　　ソ苎兹慈慈　　　阝阝阡陪隱　　　忄忄忄忄惻
어질, 불쌍히 여길 **인** ／ 사랑, 어머니 **자** ／ 숨을, 숨길 **은** ／ 슬퍼할 **측**

풀이 : 어질고 자애로운 마음으로 남을 사랑하고 측은하게 여긴다.

造 次 弗 離
′ 告 告 浩 造　　　′ ソ 冫 次 次　　　′ 弓 弔 弗　　　亠 离 离 離 離
지을, 세울, 이룰 **조** ／ 버금, 차례, 번 **차** ／ 아닐, 어길, 달리 **불** ／ 떠날, 흩어질 **리**

풀이 : 잠깐 동안이라도 흐트러진 마음을 가져서는 안 된다.

節(節) 義 廉(廉) 退(退)
″ 竹 竹 節 節　　　″ 美 羊 義 義　　　广 产 庐 庠 廉　　　⁻ ㅋ 艮 浪 退
예절, 때, 토막 **절** ／ 옳을, 의리, 맺을 **의** ／ 염치, 값쌀, 살필 **렴** ／ 물러날, 물리칠 **퇴**

풀이 : 절개와 의리, 청렴함과 때에 따라 물러갈 줄 알아야 한다.

顚(顚) 沛(沛) 匪 虧(虧)
⼘ 直 眞 顚 顚　　　冫 氵 氵 氵 沛　　　一 匚 匚 匪 匪　　　广 庐 虍 虐 虧
정수리, 근본, 미칠 **전** ／ 늪, 비올 **패** ／ 도둑, 아닐 **비** ／ 이지러질 **휴**

풀이 : 엎으러지고 넘어져도 이지러지지는 않으니 용기를 잃지 말아야 한다.

도움 한자

仁術(인술) : 어진 덕을 베푸는 방도, 사람을 살리는 어진 기술이란 뜻으로 의술을 일컬음
慈堂(자당) : 남의 어머니에 대한 존칭
隱居(은거) : 세상을 피하여 삶
隱匿(은닉) : 숨겨 감춤
造林(조림) : 나무를 심어서 숲을 이루게 함

弗治(불치) : 명령을 어기거나 또는 어긴 사람
義故(의고) : 이전에 은의로서 맺은 사람
廉探(염탐) : 몰래 사정을 조사함
顚錯(전착) : 앞뒤를 뒤집어 그르침
匪賊(비적) : 무장을 하고 떼를 지어 다니면서 살인과 약탈을 일삼는 무리

性	静(靜)	情	逸
丨 ㄐ ㄐ 忄 性	主 青 靜 靜 靜	忄 忄 忄 情 情	刀 刍 免 逸 逸
성품, 바탕, 성별 **성**	조용할, 편안할 **정**	뜻, 정, 인정 **정**	잃을, 달아날, 즐길 **일**

풀이 : 성품이 조용하면 마음이 편안하다.

心	動	神(神)	疲
丶 心 心 心	一 台 重 重 動	亍 亓 示 祁 神	广 疒 疒 疒 疲
마음, 가슴, 가운데 **심**	움직일, 동물, 일할 **동**	귀신, 정신, 신비할 **신**	지칠, 나른할 **피**

풀이 : 마음이 움직이면 정신이 피곤하다.

守	真(眞)	志	滿(滿)
丶 宀 宀 守 守	匕 冃 肖 直 眞	十 士 ま 志 志	氵 泮 滞 滿 滿
지킬, 살필, 벼슬 **수**	참, 진실 **진**	뜻, 기록할 **지**	찰, 교만할, 풍족할 **만**

풀이 : 사람이 도리를 지키면 뜻이 가득해진다.

逐(逐)	物	意	移
丁 豕 豕 逐 逐	ノ ヰ 牛 牛 物	亠 立 音 意 意	千 禾 利 移 移
쫓을, 물리칠 **축**	물건, 일, 만물 **물**	뜻, 생각, 한숨쉴 **의**	바꿀, 모낼 **이**

풀이 : 물건을 탐내어 욕심이 많으면 마음도 선하지 못한 쪽으로 변한다.

도움 한자

靜觀(정관) : 마음을 조용히 가라앉히고 사물을 바라봄
逸樂(일락) : 편안하게 즐김
心氣(심기) : 마음으로 느끼는 기분
動産(동산) : 가구 등과 같이 이동할 수 있는 재산. 법률상 무기명 채권도 포함됨

神人共憤(신인공분) : 신과 인간이 다함께 분하게 생각함
滿假(만가) : 자만심이 많아 거만하게 굶
逐出(축출) : 물리침. 몰아냄
意忌(의기) : 의심하고 꺼림
移徙(이사) : 사는 곳을 다른 곳으로 옮김

堅	持	雅	操
ㅣㄷㅌ臤堅	丁扌扌扩持	厂牙邪雅雅	扌扩捛操操
굳을, 강할, 성(姓) 견	가질, 지닐 지	바를, 우아할 아	잡을, 부릴, 지조 조

풀이 : 맑은 절개와 굳은 지조를 굳게 지키면 나의 도리가 극진하다.

好	爵	自	縻
乂女妇奵好	⺧罒爫爫爵	丨冂阝自自	广庐廊縻縻
좋을, 아름다울 호	참새, 잔, 벼슬 작	스스로, 자기, 저절로 자	얽어맬, 끈 미

풀이 : 스스로 좋은 벼슬을 얻게 되니 천작을 극진히 하면 인작이 또한 스스로 이르게 된다.

都	邑	華	夏
土耂者者都	口 口 므 吕 邑	⺿艹艹芇華	一丆百頁夏
도읍, 도시, 모두 도	고을, 영지 읍	빛날, 번성할, 나라이름 화	여름, 풍류, 클 하

풀이 : 도읍은 왕성의 지위를 말한 것이고, 화하는 중국을 칭하는 말이다.

東	西	二	京
冂冂日車東	厂冂兀西西	一二	亠亠古亨京
동녘 동	서녘, 서양 서	두, 다음, 두가지 마음 이	서울, 높을, 클 경

풀이 : 동서에 두 서울이 있으니 동경은 낙양이고 서경은 장안을 가리킨다.

도움 한자

堅忍(견인):굳게 참고 견딤
持論(지론):항상 주장하고 있는 의견이나 이론
雅健(아건):문장이 품위가 있고 강건함
操縱(조종):마음대로 다룸. 자유로 부림
爵羅(작라):새를 잡는 그물
自覺(자각):스스로 반성하여 깨달음

自慢(자만):스스로 거만하게 자랑함
都合(도합):전부를 모두 합한 셈
邑長(읍장):지방 행정 구역인 읍의 우두머리
夏海(하해):큰 바다
東窓(동창):동쪽에 있는 창
京鄕(경향):서울과 시골

背	邙	面	洛
丨 ㇒ 北 北 背	亠 亡 亡 邙 邙	厂 丙 而 而 面	氵 沙 汾 洛 洛
등, 뒤, 등질　배	산이름　망	낯, 얼굴, 겉　면	물이름, 서울이름　락

풀이 : 동경에는 북쪽에 북망산이 있고, 낙양에는 남쪽에 낙천이 있다.

浮	渭	據	涇
氵 沪 浮 浮 浮	氵 氵 渭 渭 渭	扌 扩 护 據 據	氵 沪 沢 涇 涇
뜰, 가벼울, 넘칠　부	물이름　위	의거할, 웅거할　거	물이름, 통할　경

풀이 : 위수에 뜨고 경수를 눌렀으니, 장안에는 서북쪽에 위천과 경수가 있었다.

宮	殿	盤	鬱
宀 宀 宮 宮 宮	尸 屈 屏 殿 殿	几 舟 舡 般 盤	艹 萉 欝 鬱 鬱
대궐, 집　궁	큰집　전	쟁반, 즐길, 바탕　반	답답할, 성할　울

풀이 : 궁전은 울창한 나무 사이에 빈틈없이 세워져 있고

樓	觀	飛	驚
扌 柑 柑 樓 樓	艹 艹 萑 觀 觀	乁 飞 飛 飛 飛	艹 扩 蓹 鶑 驚
다락, 망루　루	볼, 모양, 보임　관	날, 빠를, 높을　비	놀랄　경

풀이 : 높은 누각과 관망대는 하늘을 날 듯 높이 솟아 있다.

도움 한자

背敎(배교) : 신앙하던 종교를 배반함
洛誦(낙송) : 문장을 되풀이하여 읽음
洛陽(낙양) : 중국 하남성의 수도
渭水(위수) : 중국 감숙성 동부의 산지에서 시작하여 섬서성을 관류하는 황하의 큰 지류

據守(거수) : 웅거하여 지킴
宮室(궁실) : 궁전의 방
殿閣(전각) : 임금이 거처하는 궁전
盤結(반결) : 서리서리 얽힘
觀望(관망) : 형세를 바라봄
飛樓(비루) : 높은 곳에 세운 누각

圖	寫	禽	獸
冂門門圖圖	宀宀宀宑寫	人个今禽禽	一严罘罘獸
그림, 꾀할 　도	베낄, 그릴 　사	날짐승, 사로잡을 　금	짐승 　수

풀이 : 궁전 안에는 날짐승과 길짐승의 그림이 그려져 있다.

畫	綵	仙	靈
⺕畫書書畫	幺糸紗紆綵	丿亻仆仙仙	一雨雨霛靈
그림 　화	비단, 채색 　채	신선 　선	신령, 영혼 　령

풀이 : 신령과 신선들의 그림도 화려하게 채색되어 걸려 있다.

丙	舍	傍	啓
一厂丙丙丙	人个今全舍	亻亻伫俦傍	丿宀宀改啓
셋째 천간, 남녘 　병	집, 베풀, 놓을사 　사	곁, 의할 　방	일깨울, 여쭐, 샛별 　계

풀이 : 신하들이 쉬는 병사 곁에 통로를 열어 그 곳으로 사람들이 출입하였다.

甲	帳	對	楹
丨冂日甲	冂巾帄帳帳	〃业對	木朾朾栯楹
갑옷, 첫째, 육갑 　갑	휘장, 장부책 　장	대답할, 마주볼 　대	기둥 　영

풀이 : 아름다운 휘장은 큰 기둥을 두르고 있다.

도움 한자

圖景(도경) : 그림으로 나타낸 경치나 모양
寫生(사생) : 실물이나 경치를 그대로 그림
獸心(수심) : 짐승과 같은 마음
畫眉(화미) : 눈썹을 그림
劃順(획순) : 글씨를 쓸 때의 획의 순서
綵綺(채기) : 고운 무늬가 있는 비단

仙味(선미) : 탈속한 취미
舍叔(사숙) : 자기 삼촌을 남 앞에서 일컫는 말
傍係(방계) : 직계에서 갈려져 나온 계통
帳幕(장막) : 천막이나 둘러치는 막
對見(대견) : 마주 대하여 봄
楹桷(영각) : 기둥과 서까래

肆	筵(筵)	設(設)	席(席)
ㅣ ㅌ 튽 튽 肆	⺮ ⺮ 竺 筵 筵	言 言 訊 設 設	广 广 庐 庐 席
늘어놓을, 늦출 　사	자리 　연	베풀, 세울 　설	자리, 베풀, 벌일 　석

풀이 : 돗자리를 깔아서 연회하는 자리를 베풀었다.

鼓	瑟	吹	笙
丶 吉 吉 壴 鼓	王 珏 玬 瑟 瑟	口 叭 吣 吹	⺮ ⺮ 竺 笁 笙
북, 북칠 　고	큰거문고, 삼갈 　슬	불, 충동할 　취	생황, 대자리 　생

풀이 : 북과 비파를 치고 저를 부니 이는 곧 잔치하는 풍류이다.

陞(陞)	階(階)	納(納)	陛
阝 阝 阰 阩 陞	阝 阝 阼 階 階	糹 糹 糸 紂 納	阝 阝 阰 陛 陛
오를, 올릴 　승	층계, 사다리 　계	받을, 바칠 　납	섬돌, 층계 　폐

풀이 : 문무 백관이 섬돌을 올라가 납폐하는 절차이다.

弁	轉(轉)	疑(疑)	星
丶 ㅅ 厶 チ 弁	西 車 轉 轉 轉	ヒ 矣 髮 疑 疑	口 日 日 尸 星
고깔, 급할, 관 　변	구를, 옮길, 굴릴 　전	의심할 　의	별, 희뜩희뜩할 　성

풀이 : 문무 백관의 관에서 번쩍이는 구슬은 별인가 의심스럽다.

도움 한자

筵席(연석):임금과 신하가 모여 묻고 대답하는 자리
肆陳(사진):늘어놓음
設計(설계):계획을 세움
鼓角(고각):뿔과 나팔
瑟居(슬거):쓸쓸한 살림

吹雪(취설):눈보라
陞進(승진):지위가 오름
階前(계전):계단의 앞. 뜰 앞
納品(납품):물품을 바침
轉轉(전전):여기저기 굴러다님
星星(성성):머리카락이 희뜩희뜩한 모양

右	通 通	廣 廣	內
ノナオ右右	マ¬¬甬通通	广产产席廣	丨冂冂內
오른쪽, 도울　우	통할, 운통, 형통할　통	넓을, 널리, 넓이　광	안, 대궐, 아내　내

풀이 : 오른쪽은 광내전으로 통하니 비서를 두는 곳이다.

左	達 達	承	明
一ナ广左左	十坴幸幸達	了了了承承	冂日日明明
왼, 증거, 도울　좌	통할, 보낼, 이를　달	받들, 이을, 받을　승	밝을, 밝힐, 명나라　명

풀이 : 왼쪽으로 가면 승명려에 닿으니 사기를 교열하는 곳이다.

旣 旣	集	墳	典
自皀皀旣旣	ノイ仁隹集	土圵圹墳墳	冂曲曲曲典
이미, 다할　기	모일, 가지런할　집	무덤　분	책, 예, 의식　전

풀이 : 이미 분과 전을 모아 두었으니 삼분은 삼황의 글이고 오전은 오제의 글이다.

亦	聚 聚	羣 群	英 英
亠广方亦亦	耳取聚聚聚	¬君君群群	艹芍芇英英
또한, 모두　역	모을, 마을, 무리　취	무리, 떼, 많을　군	꽃, 빼어날, 꽃다울　영

풀이 : 또한 여러 영웅들을 모았으니 분전을 강론하여 나라를 다스리는 도를 밝혔다.

도움 한자

通常(통상) : 보통이며 특별한 것이 별로 없음
廣野(광야) : 너른 들판
內閣(내각) : 국가의 행정권을 맡아 처리하는 최고 기관
承奉(승봉) : 웃어른의 뜻을 받아 섬김
明朝(명조) : 내일 아침

旣婚(기혼) : 이미 혼인을 하였음
集大成(집대성) : 여럿을 모아 하나로 크게 완성함
聚落(취락) : 마을, 부락
群居(군거) : 떼를 지어 모여 있음
英敏(영민) : 영특하고 민첩함

杜	藁	鍾	隸
一十才木杜	卄艹莱菒藁	丿亼釒鈩鍾	聿耖耕耕隸
팔배나무, 막을, 성 **두**	짚, 마를, 초고 **고**	쇠북, 모을, 술병 **종**	서체이름, 죄인, 종 **례**

풀이 : 초서를 처음으로 쓴 명필인 두고와 예서를 쓴 종례의 글도 비치되었다.

漆	書	壁	經
氵氿沙冰漆	⺻聿圭書書	尸䏍䏍辟壁	糹紆經經經
옷칠할, 검을 **칠**	글, 편지, 쓸 **서**	바람벽, 진터 **벽**	날, 지날, 경서 **경**

풀이 : 과두의 글과 공자가 발견한 육경도 비치되어 있다.

府	羅	將	相
一广广庁府	罒罒罗羅羅	丬爿将將將	木杧相相相
마을, 관청, 고을 **부**	비단, 늘어설 **라**	장수, 장차, 나아갈 **장**	서로, 점칠, 재상 **상**

풀이 : 마을 좌우에 관청의 장수와 정승들이 늘어서 있다.

路	俠	槐	卿
口呈趵跦路	亻亻仁似俠	木木柛槐槐	卩卩卵卿卿
길, 클, 중요할 **로**	밀, 호협할, 협객 **협**	회화나무 **괴**	벼슬, 존칭 **경**

풀이 : 한길에는 고관인 삼공 구경이 마차를 타고 궁전으로 들어가고 있다.

도움 한자

杜絶(두절) : 교통, 통신 등이 끊어져 막힘
藁人(고인) : 짚으로 만든 허수아비
漆夜(칠야) : 깜깜한 밤
壁報(벽보) : 벽에 써붙여 여러 사람에게 알리는 글
府庫(부고) : 궁성의 문서, 재보를 넣어 두는 곳집
羅紗(나사) : 양복감으로 쓰이는 두꺼운 모직물
相月(상월) : 음력 7월의 다른 이름
路毒(노독) : 길을 걷거나 여행으로 인하여 생긴 피로나 병
俠心(협심) : 강자를 누르고 약자를 도우려는 마음
卿子(경자) : 남을 높여 부르는 말

戶	封	八	縣
丶ㄏ尸戶	土圭圭封封	ノ八	冂且県縣縣
집, 지게 　호	봉할, 흙더미 쌓을 　봉	여덟, 여덟번 　팔	고을, 매달, 떨어질 　현

풀이 : 귀척(貴戚)이나 공이 있는 신하에게는 호, 현을 봉하였다.

家	給	千	兵
宀宀宂宆家	糸糹紒給給	一二千	丶ᅳᅵᅵ丘兵
집, 집안, 남편 　가	넉넉할, 줄, 댈 　급	일천, 많을 　천	군사, 무기, 전쟁 　병

풀이 : 또 공신들에게는 1천 명의 병사를 주어 호위토록 하였다.

高	冠	陪	輦
丶古高高高	冖冖冗冠冠	阝阝阾陪陪	扌扶梦萻輦
높을, 뛰어날, 비쌀 　고	갓, 벗, 어른 　관	모실, 도울, 더할 　배	손수레, 연, 끌 　련

풀이 : 높은 관을 쓰고 수레로 모셔 제후의 예로써 대우하였다.

驅	轂	振	纓
阝馬馬馿驅	亠壴軎軗轂	扌扩护挀振	糸絽纓纓纓
달릴, 좇을, 앞잡이 　구	바퀴통 　곡	떨칠, 떨, 진동할 　진	갓끈, 관끈 　영

풀이 : 수레를 빨리 달리게 하니 관의 끈이 크게 흔들리는 모습도 화려하였다.

도움 한자

戶扇(호선) : 문짝
封墳(봉분) : 무덤 위에 흙을 쌓아 높게 만듦
八等身(팔등신) : 몸의 균형이 제대로 잘 잡힌 미인의 표준
縣監(현감) : 조선조 때 작은 현에 두었던 지방 장관

給閑(급한) : 마구간에 여물을 줌
兵亂(병란) : 전쟁으로 인한 세상의 어지러움
冠童(관동) : 어른과 아이
陪敦(배돈) : 더 주어 한층 후하게 함
驅迫(구박) : 못 견디게 괴롭힘. 학대함
振怖(진포) : 떨며 무서워함

世	祿	侈	富
一十卅世世	〒千示示祿	亻㐽侈侈侈	宀宁宮宮富
세상, 세대, 해　세	녹, 곡식　록	사치할, 오만할, 클　치	부자, 넉넉할　부

풀이 : 대대로 내리는 녹은 사치하고 부하여 부귀 영화를 누렸다.

車	駕	肥	輕
一一一亘車	力加加駕駕	月月肌肥肥	亘車軻輕輕
수레　차·거	수레, 멍에, 탈　가	살찔, 거름　비	가벼울, 엷을　경

풀이 : 수레의 말은 살찌고 차려 입은 의복은 가벼웠다.

策	功	茂	實
竹竹笁第策	一丅工功	一卝芊茂茂	宀宀宀實實
꾀, 계책, 지팡이　책	공, 상복이름　공	우거질, 힘쓸　무	열매, 실제, 참될　실

풀이 : 공을 꾀함에 무성하고 충실하였다.

勒	碑	刻	銘
艹廿苎革勒	石砠碑碑	一亥亥刻刻	釒釒釒釒銘
굴레, 재갈, 새길　륵	비석, 비문　비	새길, 시각, 모질　각	새길　명

풀이 : 비석에 공적을 기록하고 글을 지어 돌에 새겨 후세에 전하였다.

도움 한자

世局(세국) : 세상의 되어 가는 형편
祿命(녹명) : 사람이 타고난 관록과 운명
車道(차도) : 차가 다니는 길
車馬(거마) : 수레와 말
肥鮮(비선) : 살지고 신선한 고기
輕舟(경주) : 가볍게 떠서 빠르게 가는 작은 배

策動(책동) : 남몰래 꾀를 써서 행동함
茂林(무림) : 나무가 무성한 수풀
實德(실덕) : 진실한 덕성
勒買(늑매) : 강제로 물건을 삼
刻苦(각고) : 고생을 이겨 내면서 무척 애씀
銘謝(명사) : 마음에 깊이 새겨 고마움을 사례함

磻	溪	伊	尹
石 石' 砕 磻 磻	氵 氵' 浐 浐 溪	亻 亻' 伊 伊 伊	ㄱ ㄱ ㅋ 尹
돌 　　　　　　반	시내 　　　　　계	저, 이, 어조사 　이	다스릴, 믿음직할, 성 윤

풀이 : 문왕은 반계에서 강태공을 맞이하고, 은왕은 신야에서 이윤을 맞아들였다.

佐	時	阿	衡
亻 亻' 仕 佐 佐	日 日+ 盽 時 時	阝 阝' 阿 阿 阿	彳 彳' 徫 徫 衡
도울, 도움, 속료 좌	때, 철 　　　　시	언덕, 물가 　　　아	저울, 가로나무 　형

풀이 : 위급한 때를 도와 공을 세워 아형이 되었는데, 아형은 당나라 재상의 칭호이다.

奄	宅	曲	阜
亠 大 枩 奋 奄	宀 宀' 宅 宅 宅	冂 内 曲 曲 曲	㇏ 广 阜 阜 阜
문득, 덮을, 오랠 엄	집 　　　　　　택	굽을, 가락, 마을 곡	언덕, 클, 성할 　부

풀이 : 주공의 공을 보답하는 마음으로 노국에 봉한 후 곡부에 궁전을 세워 주었다.

微	旦	孰	營
彳 彳' 徫 徫 微	丨 冂 日 旦	亠 亨 享 孰 孰	* 爫 熒 營 營
작을, 숨길, 천할 미	아침 　　　　　단	누구, 무엇, 어느 숙	진영, 경영할, 지을 영

풀이 : 주공이 아니면 어느 누구도 큰 궁전을 세울 수가 없을 것이다.

도움 한자

溪流(계류) : 산골짜기에서 흐르는 물
尹司(윤사) : 벼슬아치
佐命(좌명) : 임금을 도움
時局(시국) : 당면한 국내 및 국제 정세
阿丘(아구) : 한쪽이 높은 언덕
衡度(형도) : 저울과 자

宅居(택거) : 집에 거처함
宅内(댁내) : 남의 집안
曲折(곡절) : 여러 가지 복잡한 사정
阜螽(부종) : 메뚜기
微賤(미천) : 신분이 낮음
孰成(숙성) : 사물이 충분히 이루어짐

桓	公	匡	合
木 柯 柯 桓 桓	ノ 八 公 公	一 ナ チ 王 匡	ノ 人 ム 今 合 合
굳셀, 머뭇거릴 **환**	공변될, 여러, 귀인 **공**	바로잡을, 두려워할 **광**	합할, 맞을 **합**

풀이 : 제나라 환공이 천하를 바로잡아 제후를 모아놓고 맹약을 지키도록 하였다.

濟	弱	扶	傾
氵 氵 沪 沪 濟 濟	弓 弓 弓 弱 弱	扌 扌 扌 抃 扶	亻 亻 佢 佢 傾
건널, 이룰, 건질 **제**	약할, 어릴, 날센할 **약**	도울, 붙들 **부**	기울어질, 위태로울 **경**

풀이 : 약한 사람을 구제하고 기울어 가는 붙들어 다시 일으켰다.

綺	回	漢	惠
幺 糸 糸 綺 綺	冂 冂 冋 回 回	氵 氵 汁 漢 漢	厂 白 申 申 惠 惠
비단, 무늬, 고울 **기**	돌, 돌이킬, 돌아올 **회**	한민족, 한나라 **한**	은혜, 베풀, 슬기로울 **혜**

풀이 : 한나라 네 현인 중 한 사람인 기가 혜제의 태자 자리를 회복시켜 주었다.

說	感	武	丁
亠 言 訪 訪 說	厂 厅 咸 咸 感	一 ニ 千 武 武	一 丁
기뻐할 **열**	느낌, 깨달을, 감동할 **감**	굳셀, 병장기, 군용 **무**	장정, 일꾼 **정**

풀이 : 부열은 무정의 꿈에 나타나서 그를 감동시켰다.

도움 한자

桓公(환공) : 중국 춘추 시대 사람으로 제나라 15대 임금
公益(공익) : 사회와 공중의 이익
匡正(광정) : 바르게 고침
合理(합리) : 이치나 이론에 합당함
濟世(제세) : 세상을 잘 다스려 백성을 구제함

弱冠(약관) : 남자의 나이 20세가 된 때
傾斜(경사) : 비스듬히 기울어짐
綺羅星(기라성) : 밤하늘에 반짝이는 수많은 별
回想(회상) : 지나간 일을 돌이켜 생각함
說樂(열락) : 기뻐하고 즐거워함
武力(무력) : 군대의 힘. 군사상의 힘

俊	乂	密	勿
亻伫伫伫俊	ノ乂	宀少宓宓密	ノ勹勹勿
준걸, 뛰어날, 높을 **준**	어질 **예**	빽빽할, 비밀할 **밀**	없을, 말 **물**

풀이 : 준걸과 재사들이 모두 조정에 모여 빽빽하다.

多	士	寔	寧
クタタ多多	一十士	宀宓宣寍寔	宀宓宓寍寧
많을, 과할 **다**	선비, 병정, 벼슬 **사**	진실로, 참 **식**	편안할, 차라리, 어찌 **녕**

풀이 : 인재들이 많이 있으니 실로 나라가 태평하다.

晋	楚	更	霸
一丁西晋晋	木林林楚楚	一一百更更	雨雪霏霸霸
나아갈, 진나라 **진**	아플, 고울, 초나라 **초**	다시 **갱**	두목, 으뜸갈 **패**

풀이 : 진나라와 초나라가 다시 패권을 잡았다.

趙	魏	困	橫
一キ走趙趙	二禾委魏魏	冂冂用困困	木桁桁横横
조나라, 찌를 **조**	높을, 성, 위나라 **위**	곤할, 어려울 **곤**	가로, 사나울 **횡**

풀이 : 조나라와 위나라는 진나라로부터 여러 가지로 곤란을 받았다.

도움 한자

俊異(준이) : 재능이 뚜렷이 뛰어남
密行(밀행) : 몰래 다님
勿禁(물금) : 급한 일을 특별히 허가해 줌
多心(다심) : 지나치게 걱정하고 생각함
士論(사론) : 선비들 사이의 논의
寧嘉(영가) : 편안히 즐거워함

楚撻(초달) : 회초리로 종아리를 때림
更逢(갱봉) : 오랫동안 헤어져 있다가 다시 만남
霸道(패도) : 패자가 취하는 도
魏魏(위위) : 높고 큰 모양
困辱(곤욕) : 심한 모욕
橫暴(횡포) : 제멋대로 굴며 매우 난폭함

假	途	滅	虢
亻亻亻假假	八今余涂途	氵氵沪派滅	⺧乎乎䖍虢
거짓, 잠시, 빌릴 　가	길 　도	멸할, 죽을, 멸망할 　멸	나라이름, 손톱자국 　괵

풀이 : 진 헌공이 우국의 길을 빌려 괵나라를 멸망시키고 돌아오는 길에 우국도 멸망시켰다.

踐	土	會	盟
口𧾷趵跱踐	一十土	八今合會會	日明明盟盟
밟을, 차려놓을 　천	흙 　토	모일, 기회, 셈 　회	맹세할 　맹

풀이 : 진 문공이 제후들을 천토에 모아 맹세하고 협천자영 제후하였다.

何	遵	約	法
亻亻亻何何	八酋尊尊遵	幺糸糸約約	氵氵汁法法
어찌, 누구, 얼마 　하	좇을 　준	맹세할, 맺을, 대략 　약	법, 본받을 　법

풀이 : 소하는 한 고조와 함께 약법 삼장을 정하여 좇을 것을 약속하였다.

韓	弊	煩	刑
古卓乾䪞韓	八𢂽敞敝弊	火火炘煩煩	二千开刑刑
나라이름, 성 　한	폐단, 나쁠, 폐해 　폐	번거로울, 번민할 　번	형벌, 법, 목자를 　형

풀이 : 한비는 진왕을 구슬려 형벌을 시행하다가 그 형벌에 자기가 죽었다.

도움 한자

假建物(가건물) : 임시로 지은 건물
途上(도상) : 일이 진행되는 과정이나 도중
滅裂(멸렬) : 산산조각이 남
踐勢(천세) : 세력 있는 지위에 오름
土葬(토장) : 시체를 땅 속에 매장하는 일
會席(회석) : 여러 사람이 모인 자리

盟友(맹우) : 서로 굳게 맹세한 벗
遵法(준법) : 법을 지킴
約定(약정) : 남과 일을 약속하여 작정함
弊端(폐단) : 좋지 못하고 해로운 일
煩悶(번민) : 마음이 몹시 답답하여 괴로워함
刑期(형기) : 형벌의 집행 기관

起	翦	頗	牧
土 走 走 起 起	丷 쓰 前 前 翦	) 皮 郎 頗 頗	一 卜 斗 牜 牧
일어날, 일어설　기	가위, 벨　전	자못, 치우칠　파	기를, 다스릴, 이끌　목

풀이 : 백기와 왕전은 진나라의 장수였고, 염파와 이목은 조나라의 장수였다.

用	軍	最	精
) 冂 冃 月 用	冖 冖 㕻 宣 軍	口 日 旦 昻 最	丷 亠 米 粨 精
쓸, 부릴, 쓰일　용	군사　군	가장　최	자세할, 깨끗할　정

풀이 : 네 장수는 군사 부리기를 가장 정결히 하였다.

宣	威	沙	漠
宀 宁 宁 宣 宣	) 厂 反 威 威	氵 汀 㳇 沙 沙	氵 氵 泸 渲 漠
베풀, 펼, 밝힐　선	위엄, 세력　위	모래　사	사막, 넓을, 조용할　막

풀이 : 네 장수의 위엄은 북방 사막에까지 퍼졌다.

馳	譽	丹	靑
「 馬 馬 馹 馳	' 씨 與 與 譽	) 刀 月 丹	㐄 丰 靑 靑 靑
달릴　치	명예, 기릴　예	붉을, 정성스러울　단	푸를, 푸른 빛　청

풀이 : 이들의 명예와 무공은 채색으로 그려져 후세에까지 전하게 되었다.

도움 한자

起枕(기침) : 잠자리에서 일어남
頗多(파다) : 아주 많음
牧民(목민) : 백성을 다스림
用之不竭(용지불갈) : 아무리 쓰고 또 써도 없어
　　　　　　　지지 않음
最重(최중) : 가장 귀하고 중요함

精兵(정병) : 날쌔고 강한 군사
宣言(선언) : 의견을 말하여 널리 알림
威容(위용) : 위엄 있는 모습
馳馬場(치마장) : 말타는 것을 연습하는 곳
譽望(예망) : 명예와 인망
丹心(단심) : 속에서 우러나오는 참된 마음

九	州	禹	跡
ノ九	ノ丿丬州州	ノ厶乕禹禹	口呈趵趵跡
아홉, 많을, 모을 　구	고을, 나라 　주	하우씨, 우임금 　우	자취 　적

풀이 : 구주(기·연·청·서·양·형·예·옹·동)를 정한 것은 우임금의 공적이다.

百	郡	秦	幷
一丆百百百	ヨ尹君君郡	三夫秂奉秦	丷干并并幷
일백, 많을 　백	고을 　군	진나라, 성(姓) 　진	아우를, 합할, 겸할 　병

풀이 : 진시황은 천하를 통일하여 전국을 1백 군으로 나누었다.

嶽	宗	恒	岱
山扩猎猎嶽	宀宀宁宗宗	忄忄恒恒恒	亻个代岱岱
큰산 　악	마루, 으뜸, 종묘 　종	항상 　항	태산 　대

풀이 : 오악(동태·서화·남형·북항·중숭산) 중에서는 항산과 태산이 조종이다.

禪	主	云	亭
示礻禅禪禪	丶亠十主主	一二云云	亠古高高亭
사양할, 고요할 　선	임금, 주인, 신주 　주	이를, 어조사 　운	정자, 역마을, 곧을 　정

풀이 : 운과 정은 천자를 봉선하고 제사를 지내는 곳으로 운정은 태산에 있다.

도움 한자

九秩(구질) : 아흔 살
州倉(주창) : 마을에 있는 곡식 창고
跡捕(적포) : 뒤를 밟아서 잡음
秦始皇(진시황) : 진나라의 황제. 육국(六國)을 멸망시켜 천하를 통일하고 만리 장성을 쌓았음

宗婦(종부) : 큰집의 맏며느리
岱山(대산) : 오악의 하나. 곧 태산의 별칭
禪會(선회) : 참선을 위한 모임
主便(주편) : 자기에게 편하게 스스로 주장함
亭子(정자) : 산수가 좋은 곳에다 놀기 위해 지은 집

鴈	門	紫	塞
一厂厂鴈鴈	丨冂冂門門	此此紫紫	宀宀宲塞塞
기러기 안	문, 집, 지체 문	자줏빛, 자주옷 자	변방, 요새, 막힐 새

풀이 : 봄기러기가 북쪽으로 날아가므로 안문이고, 흙이 붉어서 자새이다.

雞	田	赤	城
人幺奚雞雞	丨冂冊田田	十土尹赤赤	土圠城城
닭 계	밭, 사냥할 전	붉을, 벌거벗을 적	도읍, 재 성

풀이 : 계전은 옹주에 있는 고을이고, 적성은 기주에 있는 고을이다.

昆	池	碣	石
日旦昆昆	氵氵汕池	丆石矴碣碣	一丆ア石石
형, 자손, 많을 곤	못, 해자 지	둥근비석, 우뚝솟을 갈	돌, 단단할 석

풀이 : 곤지는 운남 곤명현에 있고, 갈석은 부평현에 있다.

鉅	野	洞	庭
釒釘鉅鉅鉅	日里野野野	氵汋汋洞洞	广广庐庭庭
클, 강할, 갈고리 거	들, 민간, 촌스러울 야	깊을, 마을 동	뜰, 집안 정

풀이 : 해거야는 태산 동쪽에 있는 광야이고, 동정은 호남성에 있는 중국에서 제일 큰 호수이다.

도움 한자

鴈奴(안노) : 모든 기러기가 떼지어 잘 때 자지 않고 경계하는 한 마리의 기러기
門帳(문장) : 문이나 창문에 쳐서 늘어뜨리는 휘장. 커튼
紫錦(자금) : 자줏빛 비단
鷄膏(계고) : 닭고기를 고아서 만든 곰국

赤都(적도) : 공산주의 국가의 수도
城壘(성루) : 성 바깥 둘레의 흙담
昆蟲(곤충) : 벌레를 통틀어 이르는 말
石橋(석교) : 돌로 놓은 다리
野望(야망) : 무리한 욕심을 이루려는 희망
洞察(통찰) : 환하게 살핌

曠	遠	綿	邈
日 旷 𣇄 曠 曠	土 吉 圭 袁 遠	糸 糹 紵 綿 綿	⺕ 豸 豹 狛 貌
멀, 빌, 넓을 　광	멀, 심오할, 멀리할 　원	솜 　면	멀, 아득할, 없신여길 　막

풀이 : 모든 산과 호수와 벌판들이 멀리까지 이어져 있어 아득하다.

巖	岫	杳	冥
山 岜 岸 崖 巖	山 屾 岫 岫 岫	十 木 杏 杳 杳	一 冖 冝 冥 冥
바위, 언덕 　암	산굴, 산봉우리 　수	어두울, 깊을 　묘	아득할, 저승 　명

풀이 : 큰 바위와 산봉우리가 묘연하고 마치 동굴과 같아 깊고 캄캄하다.

治	本	於	農
氵 汁 沪 治 治	一 十 才 木 本	⺀ 方 扩 於 於	冂 曲 芦 農 農
다스릴, 익힐 　치	뿌리, 근원, 바탕 　본	어조사 　어	농사, 농부 　농

풀이 : 농사로 나라 다스리는 근본을 삼았다. 곧 중농 정치를 말한다.

務	玆	稼	穡
予 矛 敄 務 務	玄 玆 玆 玆 玆	禾 秏 秏 稼 稼	禾 秏 秳 穡 穡
힘쓸, 일 　무	검을, 흐릴, 이 　자	농사, 곡식, 일할 　가	거둘, 농사, 아낄 　색

풀이 : 봄에 심고 가을에 거두어들이는 일에 힘썼다.

도움 한자

曠年(광년) : 오랜 세월
遠大(원대) : 규모나 생각 등이 심원하고도 큼
綿廷(면정) : 끊임없이 이어서 늘임
邈然(막연) : 아득함. 짐작할 수 없음
巖嶂(암장) : 바위로 이루어진 봉우리. 험한 산
岫雲(수운) : 산의 암굴에서 일어난 구름

杳冥(묘명) : 그윽하고 어두움
治水(치수) : 물을 잘 다스려 그 피해를 막음
本分(본분) : 자기에게 알맞는 신분
農耕(농경) : 논밭을 경작하는 일
稼動(가동) : 사람이나 기계가 움직여 일함
稼穡(가색) : 곡식 농사

俶	載	南	畝
비로소 숙	실을 재	남녘 남	밭이랑 묘

풀이 : 봄이 되면 비로소 양지바른 남쪽 밭에 나가 농사일을 시작한다.

我	藝	黍	稷
나, 우리 아	재주, 심을 예	기장 서	피, 곡식 직

풀이 : 나는 정성을 기울여 기장과 피를 심겠다.

稅	熟	貢	新
세금 세	익을, 익힐 숙	공물, 바칠, 천거할 공	새, 새로울 신

풀이 : 곡식이 익으면 세금을 내고 햇곡식으로 종묘에 제사를 지낸다.

勸	賞	黜	陟
권할, 힘쓸 권	상줄, 칭찬할, 권할 상	물리칠 출	오를, 올릴 척

풀이 : 농사를 잘 지은 사람에게는 상을 주고, 게을러서 농사를 잘못 지은 사람은 내쫓는다.

도움 한자

俶裝(숙장) : 채비를 차림
載錄(재록) : 기록하여 실음
藝名(예명) : 예술인이 본명 외에 쓰는 이름
稷神(직신) : 오곡을 맡았다는 신
稅期(세기) : 세금을 내거나 받는 시기
熟卵(숙란) : 삶은 달걀

貢物(공물) : 백성이 조정에 바치던 물품
新客(신객) : 새로 온 손님
勸農(권농) : 농사를 널리 권하여 장려함
賞春(상춘) : 봄 경치를 구경하며 즐김
黜罰(출벌) : 무능한 사람을 내쫓고 벌을 줌

孟	軻	敦	素
了子孑孟孟	一亘車軻軻	亠⿱享敦敦	主𦥑𦥑𦥑素
맏, 첫, 성(姓)　맹	가기힘들　가	도타울　돈	흴, 바탕, 본디　소

풀이 : 맹자는 모친의 교훈에 따라 자사에게서 가르침을 받았다.

史	魚	秉	直
丶口口史史	⺈ク各魚魚	ᅳ三耒耒秉	十广方直直
역사, 사관, 문인　사	물고기, 성(姓)　어	잡을　병	곧을, 바로, 당할　직

풀이 : 우리나라 태부인 사어는 성격이 매우 강직하였다.

庶	幾	中	庸
亠广庐庶庶	幺幺幺𢆶幾	丨口口中	广户庐庸庸
여러, 무리, 바랄　서	몇, 기미, 거의　기	가운데, 사이, 안　중	떳떳할, 어리석을　용

풀이 : 어떤 일이나 한쪽으로 기울어지게 하면 안 된다.

勞	謙	謹	勅
𤇾𤇾𤇾勞勞	言訁訁謙謙	言言訁謹謹	一口束束勅
수고할, 공로　로	겸손할, 사양할　겸	삼갈, 금할　근	삼갈, 신칙할　칙

풀이 : 근로하고 겸손하며 삼가고 신칙하면 중용의 도에 이른다.

도움 한자

孟仲季(맹중계) : 맏이와 둘째, 셋째 형제의 차례를 이르는 말
敦篤(돈독) : 인정이 두터움
素因(소인) : 가장 근본이 되는 원인
史談(사담) : 역사에 관한 이야기
魚卵(어란) : 소금을 쳐서 말린 생선의 알
秉軸(병축) : 정권을 잡음
庶官(서관) : 뭇 벼슬아치
庸劣(용렬) : 못생겨 재주가 남보다 못함
謙約(겸약) : 겸손하고 절약함
謹聽(근청) : 공손한 태도로 조심하여 들음
勅命(칙명) : 임금의 명령

聆	音	察	理
厂 耳 耳 耹 聆	亠 立 音 音 音	宀 宀 宊 察 察	王 刋 珇 理 理
들을, 깨달을 령	소리, 음악, 소식 음	살필, 깨끗할 찰	다스릴, 깨달을 리

풀이 : 목소리를 듣고 마음 속의 생각을 살핀다.

鑑	貌	辨	色
金 鉅 鈩 鑑 鑑	丶 豸 豸 豹 貌	亠 亖 亞 辨 辨	丿 ⺈ 免 色 色
거울, 볼, 거울삼을 감	모양 모	나눌, 분별할 변	빛, 낯, 색 색

풀이 : 얼굴과 낯빛을 보고 그 마음 속을 밝혀 짐작한다.

貽	厥	嘉	猷
目 貝 貯 貽 貽	一 厂 厥 厥 厥	十 吉 壴 嘉 嘉	丶 亠 酋 猷 猷
줄, 끼칠 이	그것, 짧을, 숙일 궐	아름다울, 착할 가	꾀, 그릴, 길 유

풀이 : 군자는 착한 일을 하여 자손에게 좋은 것을 남겨야 한다.

勉	其	祗	植
丿 免 免 勉 勉	一 十 廿 其 其	示 礻 衦 祗 祗	一 木 朽 植 植
힘쓸, 권면할 면	그, 어조사 기	공경할, 삼갈 지	심을 식

풀이 : 올바른 도를 공경하여 자손에게 심어 주는 데 힘써야 한다.

도움 한자

音耗(음모) : 안부를 묻는 편지
察納(찰납) : 자세히 살펴서 받아들임
理髮(이발) : 머리털을 깎아 매만짐
鑑戒(감계) : 지난 잘못을 교훈삼아 다시는 그런 잘못을 되풀이하지 않도록 하는 경계

貌言(모언) : 겉치레뿐 실속이 없는 말
辨誣(변무) : 억울함에 대해 변명함
貽謀(이모) : 자손을 위해 남긴 꾀
厥角(궐각) : 고개 숙여 절함
嘉殽(가효) : 맛있는 술안주
勉勉(면면) : 힘쓰는 모양

省	躬	譏	誡
小少少省省	ノ丨亻身身躬	言 詝 詳 譏 譏	言 言 訢 誡 誡
볼, 관청 　성	몸, 몸소 　궁	나무랄, 기찰할 　기	경계할, 고할 　계

풀이 : 희롱이나 경계함이 있는가 염려하여 자기 몸을 살핀다.

寵	增	抗	極
宀 宀 宵 宵 寵	扌 圹 圳 增 增	扌 扌 扩 扩 抗	木 朸 柯 極 極
사랑할, 은혜 　총	더할, 거듭, 높을 　증	대항할, 겨룰, 막을 　항	다할, 지극할 　극

풀이 : 총애가 더할수록 교만함을 부리지 말고 더욱 조심해야 한다.

殆	辱	近	恥
歹 歼 殆 殆 殆	厂 厈 辰 辱 辱	厂 广 斤 近 近	丆 F 耳 耻 恥
위태할, 거의 　태	욕보일, 욕할 　욕	가까울, 요사이 　근	부끄러울, 욕보일 　치

풀이 : 총애받는다고 욕된 일을 하면 곧 위태로움과 치욕이 온다.

林	皐	幸	卽
十 木 札 材 林	丿 白 皀 皐 皐	十 土 圥 赱 幸	丿 白 自 卽 卽
수풀 　림	언덕, 느릴, 늪 　고	행복, 다행, 요행 　행	곧, 이제, 나아갈 　즉

풀이 : 치욕이 가까이 오면 차라리 산간 수풀에 들어가서 사는 것도 다행일 것이다.

도움 한자

省狀(성상) : 부모를 모시고 지내는 형편
誡命(계명) : 종교상, 도덕상으로 반드시 지킬 규정
寵愛(총애) : 특별히 귀엽게 여겨 사랑함
增減(증감) : 많아짐과 적어짐
抗戰(항전) : 적에 대항하여 전쟁하거나 전투함

極貧(극빈) : 지극히 가난함
近親(근친) : 촌수가 가까운 일가
恥骨(치골) : 골반을 에워싸고 있는 뼈
林木(임목) : 수풀을 이루고 있는 나무
皐復(고복) : 초혼하고 발상하는 소리
幸冀(행기) : 만일의 요행을 바람

兩 (兩)	踈 (疏)	見	機 (機)
一 𠃍 两 兩 兩	丨 ㄒ 疋 疋 踈	冂 冂 月 目 見	木 木 榌 樸 機
두, 짝, 근량　　　량	소통할, 멀, 상소　　　소	볼　　　견	베틀, 때, 실마리　　　기

풀이 : 한나라의 소광과 소수는 기틀(때)을 보고 상소한 후 고향으로 돌아갔다.

解	組 (組)	誰	逼
𠂊 𠂊 𡰪 解 解	纟 糹 組 組 組	言 訁 計 誰 誰	一 口 畐 畐 逼
풀, 가를, 흩어질　　　해	짤, 끈　　　조	누구, 옛, 접때　　　수	가까울, 핍박할　　　핍

풀이 : 관의 끈을 풀고 사직하고 돌아가니 누가 핍박할 것인가.

索	居	閑	處 (處)
十 𠂆 卖 卖 索	𠃌 尸 尸 居 居	丨 冂 門 門 閑	一 广 虍 虍 處
찾을　　　색	살, 있을, 어조사　　　거	한가할　　　한	곳, 머무를, 정할　　　처

풀이 : 퇴직하여 한가한 곳을 찾아 살면서 세상을 보냈다.

沈 (沈)	默	寂	寥 (寥)
氵 氵 氵 氵 沈	冂 甲 黒 黙 默	宀 宀 㝉 宩 寂	宀 宀 穴 寅 寥
가라앉을　　　침	잠잠할　　　묵	고요할, 죽을　　　적	쓸쓸할, 휑할　　　료

풀이 : 고향으로 돌아와 조용히 사니 아무 일도 없고 고요하기만 했다.

도움 한자

兩難(양난) : 이것도 저것도 하기 어려움
疏隔(소격) : 서로의 사귐이 성기어 왕래가 막힘
機密(기밀) : 중요하고 비밀한 일
解消(해소) : 어떤 관계를 풀어서 없애 버림
誰何(수하) : 누구, 누구냐고 묻는 말
逼迫(핍박) : 바짝 죄어서 괴롭게 굶

索莫(삭막) : 황폐하여 쓸쓸한 모양
索出(색출) : 뒤져서 찾아냄
居喪(거상) : 부모상을 당하고 있음
閑隙(한극) : 한가로운 틈
寂念(적념) : 쓸쓸하고 조용한 생각
寥戾(요려) : 소리가 맑아 멀리 들림

求	古	尋	論
一 丁 寸 才 求 求	一 十 十 古 古	一 尸 尹 孚 尋	言 訡 訡 誦 論
구할, 탐낼 　구	예, 비롯할 　고	찾을, 물을, 보통 　심	논할, 말할 　론

풀이 : 옛 사람의 글을 구하고 도를 찾아 물어본다.

散	慮	逍	遙
世 丗 昔 散 散	广 虍 虍 慮 慮	丬 忄 肖 消 逍	夕 生 备 搖 遙
헤어질, 한산할 　산	생각할, 걱정할 　려	거닐 　소	멀, 거닐 　요

풀이 : 세상 일을 모두 잊어버리고 자연 속에서 한가로이 거닐며 즐긴다.

欣	奏	累	遣
厂 斤 斤 欣 欣	三 声 夫 奏 奏	田 田 里 累 累	口 虫 書 譜 遣
기뻐할 　흔	아뢸, 연주할 　주	여러, 포갤, 더럽힐 　루	보낼, 풀 　견

풀이 : 기쁨은 아뢰고 더러움은 보낸다.

感	謝	歡	招
厂 厂 厈 咸 感	言 訃 訃 誚 謝	艹 芢 苩 酄 歡	扌 打 扪 招 招
근심할 　척	사양할, 사례할 　사	기뻐할, 기쁨 　환	부를 　초

풀이 : 마음 속의 슬픈 것은 사양하여 없어지고 즐거움만 부른 듯이 오게 된다.

도움 한자

求乞(구걸) : 남에게 돈·곡식 등을 거저 달라고 청함
尋人(심인) : 사람을 찾음, 또는 찾을 사람
逍遙(소요) : 거니는 일, 목적없이 슬슬 돌아다니는 일
遙拜(요배) : 먼 곳에서 바라보며 절함

欣慕(흔모) : 기쁜 마음으로 사모함
奏達(주달) : 임금에게 아룀
累名(누명) : 더러워진 이름. 나쁜 평판
謝過(사과) : 잘못에 대한 용서를 빎
歡迎(환영) : 기쁜 마음으로 맞음
招來(초래) : 어떤 결과를 불러 옴

渠	荷	的	歷
氵汀沔渠渠	艹艹艻荷荷	丿丨白的的	厂厃厤歷歷
도랑, 클, 우두머리 거	연, 멜, 짐 하	적실할, 과녁 적	지낼, 두루, 달력 력

풀이 : 도랑에 핀 연꽃은 향기롭고 아름답다.

園	莽	抽	條
丨冂周園園	艹芄莽莽莽	扌扌扣抽抽	亻亻伀條條
동산, 능, 밭 원	풀, 거칠, 넓을 망	뽑을, 뺄 추	가지, 조리, 조목 조

풀이 : 동산의 풀은 가지가 뻗고 크게 자란다.

枇	杷	晚	翠
十木朴朴枇	扌木杧杷杷	日日'晚晚晚	羽 羽' 翠 翠 翠
비파나무, 참빗 비	비파나무, 자루 파	저물, 늦을, 저녁 만	비취색, 물총새 취

풀이 : 비파나무는 늦은 겨울에도 그 빛이 푸르다.

梧	桐	早	凋
木木'梧梧梧	扌朸桐桐桐	丨口日旦早	氵冫凋凋凋
벽오동나무, 책상 오	오동나무 동	일찍, 새벽, 이를 조	시들, 느른할, 여윌 조

풀이 : 오동나무의 잎은 가을이 되면 다른 나무의 잎보다 일찍 말라 떨어진다.

도움 한자

渠帥(거수) : 악당의 두목
荷香(하향) : 연꽃의 향기
的知(적지) : 적실하게 앎
歷路(역로) : 지나면서 거치는 길
園林(원림) : 정원이나 공원의 나무 숲
莽莽(망망) : 풀이 우거진 모양. 넓고 넓은 모양

抽出(추출) : 빼냄. 뽑아냄
晚成(만성) : 늦게 성취함. 늦게야 이루어짐
翠影(취영) : 파란 초목의 그림자
桐梓(동재) : 오동나무와 가래나무. 좋은 재목
早春(조춘) : 이른 봄
凋落(조락) : 시들어 떨어짐

陳	根	委	翳
⻖ ⻖ 阿 陳 陳	木 札 根 根 根	二 禾 秂 委 委	｢ 臣 臤 殹 翳
나라이름, 말할 　진	뿌리, 근본 　근	맡길, 버릴, 쌓일 　위	가릴, 그늘, 말라죽을 　예

풀이 : 묵은 고목의 뿌리는 시들어 마른다.

落	葉	飄	颻
艹 艹 莎 茨 落	艹 艹 芊 葉 葉	西 覀 飘 飄 飄	⺈ 呇 䍃 䍃 䍃
떨어질, 쓸쓸할 　락	잎, 세대, 장 　엽	나부낄, 회오리바람 　표	날아오를 　요

풀이 : 가을이 오면 낙엽이 펄펄 흩날리며 떨어진다.

遊	鵾	獨	運
⺀ 亠 扩 斿 遊	日 旧 昆 䮓 鵾	犭 犭 犳 獨 獨	｢ 冖 冒 軍 運
놀, 벗, 여행 　유	곤이, 대어 　곤	홀로, 외로울 　독	옮길, 움직일, 돌 　운

풀이 : 곤이는 북해의 큰 고기이며 홀로 창해를 헤엄치며 논다.

凌	摩	絳	霄
冫 冴 洓 洓 凌	亠 广 庭 麻 摩	糹 糿 終 絳 絳	一 冖 雨 雷 霄
업신여길, 능가할 　릉	갈, 비빌, 만질 　마	진홍 　강	하늘, 구름기 　소

풀이 : 곤이가 붕새로 변하여 한번 날면 구천에 이른다.

도움 한자

陳人(진인) : 시대에 뒤떨어진 쓸모없는 사람
根性(근성) : 사람의 타고난 성질
翳薈(예회) : 초목이 우거져 그늘을 이룸
落莫(낙막) : 마음이 쓸쓸한 모양
葉基(엽기) : 잎몸의 줄기 쪽 맨 끝부분
飄泊(표박) : 고향을 떠나 정처없이 떠돌아다님

遊樂(유락) : 놀며 즐김
獨得(독득) : 자기 혼자 터득함
運身(운신) : 몸을 움직임
凌駕(능가) : 남과 비교하여 그것보다 넘어섬
摩擦(마찰) : 두 물건이 서로 닿아서 비빔
絳張(강장) : 붉은 빛깔의 휘장. 스승의 자리.

耽	讀	翫	市
丁 王 耴 耽 耽	言 計 請 讀 讀	彡 犭 羽 習 翫	、 亠 市 市 市
즐길, 빠질 탐	읽을 독	싫을, 익숙할 완	저자, 시가 시

풀이 : 한나라의 왕충은 독서를 즐겨 항상 저자에 나가 책을 구경하였다.

寓	目	囊	箱
宀 宀 宀 寓 寓	丨 冂 冂 目 目	一 卉 壷 橐 囊	竹 笁 笁 箱 箱
붙여살, 부탁할 우	눈, 요점, 면목 목	주머니, 자루 낭	상자, 곳집 상

풀이 : 글을 한번 보면 잊지 않아 주머니나 상자에 둔 것 같다고 하였다.

易	輶	攸	畏
日 月 旦 易 易	𠃌 亘 軎 斬 輶	亻 亻 仏 攸 攸	冂 罒 甼 畏 畏
쉬울 이	가벼울 유	달릴, 아득할, 곳 유	두려워할, 꺼릴 외

풀이 : 군자는 가볍게 움직이고 말하는 것을 두려워한다.

屬	耳	垣	墻
一 尸 屑 屬 屬	丆 丅 〒 耳 耳	土 圲 垣 垣 垣	土 圹 坮 墻 墻
무리, 이을 속	귀, 뿐, 어조사 이	담, 울타리 원	담, 경계 장

풀이 : 말할 때에는 마치 남이 담에 귀를 대고 엿듣는 것처럼 여겨야 한다.

도움 한자

耽味(탐미) : 글의 깊은 맛을 충분히 즐김
讀了(독료) : 모두 다 읽음
寓居(우거) : 정착하지 않고 임시로 거주함
目擊(목격) : 자기 눈으로 직접 봄
易簡(이간) : 간단하고 쉬움
攸然(유연) : 빨리 달리는 모양, 또는 헤엄치는 모양. 태연한 모양. 침착하고 여유가 있는 모양
畏友(외우) : 가장 아껴 존경하는 벗
屬具(속구) : 어떤 물건에 딸린 기구(器具)
耳目(이목) : 귀와 눈. 남의 눈

具	膳	飧	飯
ㄇ ㄇ 且 具 具	月 胖 膳 膳 膳	冫 冫 冷 飧 飧	食 食 飣 飯 飯
갖출, 연장, 그릇 구	선물, 먹을, 찬 선	저녁밥, 물만밥 손	밥, 먹을 반

풀이 : 반찬을 갖추어 밥을 먹으니

適	口	充	腸
一 产 商 適 適	丨 冂 口	一 去 去 充	月 肌 胛 腭 腸
맞을, 마침, 갈 적	입, 말할, 인구 구	채울, 가득할, 막을 충	창자, 마음 장

풀이 : 입에 맞아 배를 채운다.

飽	飫	烹	宰
스 仒 食 飣 飽	亼 仒 食 飣 飫	一 古 亨 亨 烹	宀 宀 宰 宰 宰
배부를, 흡족할 포	실컷먹을, 잔치 어	삶을, 요리 팽	재상, 다스릴, 무덤 재

풀이 : 배가 부르면 아무리 좋은 음식이라도 그 맛을 모른다.

飢	厭	糟	糠
스 스 仒 飣 飢	厂 厂 严 肙 厭	米 籵 糟 糟 糟	米 籵 籿 粐 糠
주릴, 흉년들 기	싫을, 미워할 염	재강, 찌끼, 막걸리 조	겨, 자질할 강

풀이 : 반대로 배가 고프면 재강이나 겨라도 맛이 있다.

도움 한자

具陳(구진) : 모두 갖추어 진술함
膳賜(선사) : 정표로 물건을 줌
飯酒(반주) : 밥에 곁들여서 먹는 술
適雨(적우) : 시기에 알맞은 비
口述(구술) : 구두로 이야기함
充溢(충일) : 가득 차서 넘침

腸斷(장단) : 몹시 슬퍼 창자가 끊어지는 듯함
飫歌(어가) : 서서 먹는 잔치에서 부르는 노래
烹熟(팽숙) : 충분히 삶음
宰木(재목) : 무덤가에 심는 나무
飢渴(기갈) : 배고프고 목마름
糟客(조객) : 이익이 적은 고객

親	戚	故	舊
立 辛 亲 新 親	厂 厂 厂 戚 戚	十 古 古 扩 故	艹 扩 舊 舊 舊
친할, 몸소, 어버이 **친**	겨레, 슬퍼할, 근심할 **척**	옛, 죽을, 일 **고**	옛, 오랠, 친구 **구**

풀이 : 친은 동성지친이고 척은 이성지친이며 고구는 옛 친구를 일컫는다.

老	少	異	糧
十 土 耂 耂 老	丨 小 小 少	口 田 田 里 異	米 粑 梓 糧 糧
늙을, 늙은이, 어른 **로**	젊을, 적을, 젊은이 **소**	다를, 괴이할, 나눌 **이**	양식, 구실, 급여 **량**

풀이 : 늙은이와 젊은이의 식사는 달라야 한다.

妾	御	績	紡
亠 立 立 妾 妾	彳 徉 徉 徍 御	糸 紓 績 績 績	糸 糸' 紅 紡 紡
첩, 계집아이 **첩**	거느릴, 마부, 막을 **어**	자을, 공 **적**	자을, 실뽑을 **방**

풀이 : 아내나 첩은 안에서 길쌈을 한다.

侍	巾	帷	房
亻 仁 佳 侍 侍	丨 冂 巾	冂 巾 巾' 帙 帷	厂 戶 戶 房 房
받들, 모실, 권할 **시**	수건, 건 **건**	휘장, 장막 **유**	곁방, 집, 별이름 **방**

풀이 : 유방에서는 수건과 빗을 가지고 남편을 받들어야 한다.

도움 한자

親狎(친압) : 아무 흉허물 없이 너무 지나칠 정도로 친함
戚臣(척신) : 임금의 외척이 되는 신하
故居(고거) : 이전에 살았던 집
少年輩(소년배) : 나이가 어린 사람들
異論(이론) : 남과 다른 의견

糧草(양초) : 군량과 마초
妾室(첩실) : 첩을 점잖게 일컫는 말
御駕(어가) : 임금이 타는 수레
紡織(방직) : 실을 뽑는 것과 피륙을 짜는 일
侍食(시식) : 웃어른을 모시고 음식을 먹음
帷房(유방) : 휘장을 늘어뜨린 방

紈	扇	圓	潔
幺 糸 糸 糽 紈	厂 户 户 扇 扇	ㅣ 冂 冃 周 圓 圓	氵 汢 汢 潔 潔
흰비단　　　　환	부채, 문짝　　선	둥굴, 원만할, 둘레　원	깨끗할　　　결

풀이 : 흰 비단으로 만든 부채는 둥글고 깨끗하다.

銀	燭	煒	煌
人 仐 釒 鈤 銀	火 火' 火' 燭 燭	火 火' 炉 焯 煒	火 火' 炉 煌 煌
은, 은빛, 돈　은	촛불, 등불, 비칠　촉	빛날　　　휘	빛날　　　황

풀이 : 은촛대의 촛불은 빛나서 휘황찬란하다.

晝	眠	夕	寐
ㄱ 亖 聿 書 晝	目 目' 眠 眠 眠	ノ 夕 夕	宀 宀 宀 寐 寐
낮　　　주	잠잘, 쉴　면	저녁, 저물, 기울　석	잘　　　매

풀이 : 낮에는 낮잠을 자고 밤에는 일찍 자니 한가한 사람의 일이다.

藍	筍	象	床
艹 犮 萨 蓝 藍	竹 竹 竺 筍 筍	勹 缶 争 象 象	丶 广 广 庄 床 床
쪽, 남빛, 누더기　람	죽순, 가마　순	코끼리, 꼴, 모양　상	평상, 마루　상

풀이 : 푸른 죽순과 상아로 장식한 침상은 한가한 사람의 것이다.

도움 한자

紈袴(환고): 흰 비단으로 만든 바지. 귀족 자제
扇工(선공): 부채를 만드는 직공
圓悟(원오): 완전한 깨달음
潔身(결신): 지조나 품행을 깨끗하게 가짐
銀燭(은촉): 빛이 희고 밝은 촛불
煒如(휘여): 밝은 모양, 환한 모양

煌煌(황황): 반짝반짝 빛나는 모양
眠食(면식): 자고 먹는 일. 일상 생활
夕景(석경): 저녁때의 경치
寐語(매어): 잠꼬대
筍席(순석): 죽순 껍질로 만든 자리
象形(상형): 사물의 형상을 본뜸

絃	歌	酒	讌
糸 紅 絃 絃 絃	哥 哥 歌 歌	氵 汀 沞 洒 酒	言 言 計 謀 讌
줄, 현악기, 탈 현	노래 가	술 주	잔치, 이야기할 연

풀이 : 거문고를 타며 술과 노래로 잔치를 베푸니

接	杯	擧	觴
扌 扩 护 挢 接	一 十 木 朸 杯	丨 ㄈ 由 與 擧	刀 刖 觝 觕 觴
사귈, 접할, 대접할 접	잔 배	들, 날, 거동 거	잔, 잔낼 상

풀이 : 크고 작은 술잔을 서로 주고받으며 즐기는 모습이다.

矯	手	頓	足
丿 矢 矨 矫 矯	一 二 三 手	十 屮 甴 頔 頓	丨 口 口 卩 足
바로잡을, 거짓 교	손, 절, 칠 수	조아릴, 머무를 돈	발, 족할, 지날 족

풀이 : 손을 들고 발을 구르며 춤을 춘다.

悅	豫	且	康
忄 忄 怡 恺 悅	予 豩 豫 豫 豫	丨 冂 闩 日 且	一 广 庐 庚 康
기쁠, 기뻐할 열	미리, 참여할 예	또, 우선, 어조사 차	편안할, 즐거울 강

풀이 : 기쁘고 즐겁게 살아가는 모습이 편안하기 끝이 없다.

도움 한자

絃索(현삭) : 거문고·가야금 등의 줄
酒量(주량) : 술을 마시는 분량
讌語(연어) : 어려워함이 없이 이야기함
杯盤(배반) : 술상에 차려놓은 그릇
觴詠(상영) : 술을 마시며 흥겹게 노래함
矯激(교격) : 마음이 굳세고 과격함

手腕(수완) : 일을 꾸미거나 치러나가는 재간
頓首(돈수) : 공경하여 머리가 땅에 닿도록 굽히는 일
悅樂(열락) : 기뻐하고 즐거워함
豫感(예감) : 사전에 그 일을 암시적으로 느낌
康年(강년) : 곡식이 잘된 해

嫡	後	嗣	續
女 圹 圹 嫡 嫡	彳 彳 伅 伅 後	口 吊 吊 嗣 嗣	糹 紗 紳 繥 續
정실, 맏아들 적	뒤, 아들, 뒤떨어질 후	이을, 익힐 사	이을 속

풀이 : 적실에서 낳은 자식으로 대를 잇는다.

祭	祀	蒸	嘗
ク タ タ タ 祭	亍 衤 衤 祀 祀	艹 艹 茏 蒸 蒸	丷 ⺍ 当 嘗 嘗
제사 제	제사, 해 사	찔, 섶나무 증	맛볼, 일찍이 상

풀이 : 조상에게 제사지내는데 겨울 제사는 증이라 하고 가을 제사는 상이라고 한다.

稽	顙	再	拜
千 禾 秅 稽 稽	ˊ 亞 桑 頯 顙	厂 冂 丙 再 再	二 手 手 拝 拜
무릎, 상고할, 절할 계	이마 상	두번 재	절, 삼가고 공경할 배

풀이 : 이마를 조아려 조상에게 두 번 절한다.

悚	懼	恐	惶
忄 忄 忄 怢 悚	忄 忄 恗 愕 懼	工 巩 巩 巩 恐	忄 忄 忄 悍 惶
두려워할 송	두려워할, 으를 구	두려울, 으를 공	두려워할 황

풀이 : 송구하고 두렵고 황송하니 엄숙하고 공경함이 지극하다.

도움 한자

嫡室(적실):정식 혼인을 행한 아내
後約(후약):뒷날의 기약이나 약속
嗣君(사군):뒤를 이은 임금
祭犢(제독):제사에 잡아서 쓸 송아지
祭香(제향):제사에 쓰는 향
蒸濕(증습):습기가 많아 찌는 듯이 무더움

稽首(계수):공경하여 머리가 땅에 닿도록 굽히는 일
再建(재건):무너진 것을 다시 세움
拜謁(배알):절하고 뵘. 높은 어른에게 뵘
悚怍(송작):두려워하고 부끄러워함
恐悸(공계):두려워서 마음이 두근거림

牋	牒	簡	要
丿 片 片 片 牋	丿 片 片 片 牒	⺮ 竹 竺 簡 簡	一 冂 西 要 要
편지, 종이, 상소　전	서찰, 문서, 계보　첩	편지, 문서, 쉬울　간	구할, 반드시　요

풀이 : 편지와 글은 간단하게 할 것이다.

顧	答	審	詳
戶 雇 雇 顧 顧	⺮ 欠 㗊 答 答	宀 宋 寀 審 審	言 言 詳 詳 詳
돌아볼, 돌볼　고	대답, 갚을　답	살필, 자세할　심	자세할, 거짓　상

풀이 : 말대답을 할 때에는 잘 생각하고 살펴서 자세하게 한다.

骸	垢	想	浴
冂 冎 骨 骸 骸	土 圹 圻 垢 垢	木 相 相 相 想	氵 氿 沙 浴 浴
뼈, 몸　해	때, 먼지, 더러울　구	생각할　상	미역감을, 입을　욕

풀이 : 몸에 때가 생기면 목욕을 생각한다.

執	熱	願	凉
土 去 幸 刲 執	土 去 幸 刲 熱	厂 后 原 願 願	冫 氿 沽 浐 凉
가질, 벗, 집행할　집	열, 더위, 태울　열	원할, 바랄　원	서늘할, 슬퍼할　량

풀이 : 더우면 서늘한 것을 바란다.

도움 한자

牋翰(전한) : 종이와 붓. 편지
簡約(간약) : 복잡하거나 까다롭지 않음
顧命(고명) : 임금이 돌아갈 때 뒷일을 부탁하는 말
答禮(답례) : 남에게 받은 예를 도로 갚는 일
審愼(심신) : 언행을 조심하고 삼감

骸骨(해골) : 몸을 이루고 있는 뼈. 죽은 사람의 살이 썩고 남은 뼈
垢面(구면) : 때가 묻은 얼굴
執火(집화) : 게의 다른 이름
熱官(열관) : 일이 대단히 바쁜 동시에 세력이 있는 관직

驢	騾	犢	特
⺁馬馿馿驢	⺁馬馿騾騾	丿牛牜犢犢	丿牛牜牪特
당나귀 려	노새 라	송아지 독	황소, 짝, 유다를 특

풀이 : 당나귀와 노새와 송아지와 황소는 가축들이다.

駭	躍	超	驤
⺁馬駅駭駭	口足跭踛躍	丰走起起超	⺁馬驃驤驤
놀랄 해	뛸 약	뛰어넘을, 뛰어날 초	들, 뛸, 달릴 양

풀이 : 이들 가축들은 놀라고 뛰고 달리며 논다.

誅	斬	賊	盜
言言計誅誅	厂日車斬斬	月貝財賊賊	冫㳄次㳄盜
벨, 책할 주	벨, 끊을 참	도둑질할 역적 적	훔칠 도

풀이 : 역적과 도적은 잡아 죽이고 베어 물리치고

捕	獲	叛	亡
扌扩捕捕捕	犭犴猝獲獲	丷公半扨叛	丶亠亡
잡을 포	얻을, 심심할 획	배반할 반	망할, 달아날, 죽을 망

풀이 : 배반하고 도망하는 자를 잡아 그 죄를 다스린다.

도움 한자

驢輦(여련) : 당나귀가 끄는 수레
騾子軍(나자군) : 노새를 탄 군대
特別(특별) : 보통보다 훨씬 뛰어나게 다름
駭怪(해괴) : 매우 이상야릇하고 괴상함
躍動(약동) : 생기 있게 뛰는 듯이 움직임
誅責(주책) : 준엄하게 책망함

斬級(참급) : 옛날에, 전쟁에서 적군의 목을 벰
賊心(적심) : 남의 물건을 도둑질하는 마음
盜見(도견) : 남의 것을 몰래 봄
捕殺(포살) : 벌레 등을 잡아서 죽임
獲利(획리) : 이익을 얻음
叛奴(반노) : 자기 상전을 배반한 종

布	射	遼	丸
ノナオ右布	丿刂身身射	一寮寮寮遼	丿九丸
베, 베풀, 펼 포	쏠 사	멀, 강이름, 땅이름 료	탄알, 알, 자루 환

풀이 : 한나라의 여포는 활을 잘 쏘았고, 웅의료는 탄자를 잘 던졌다.

嵇	琴	阮	嘯
千禾秖秸嵇	王玌玨琴琴	阝阝阢阮阮	口吖吖嘯嘯
산이름 혜	거문고 금	나라이름, 성 완	휘파람불, 읊조릴 소

풀이 : 위나라의 혜강은 거문고를 잘 탔고, 완적은 휘파람의 명수였다.

恬	筆	倫	紙
忄忄忊恬恬	竹筥筚筆筆	亻亻伶伶倫	纟糸糸紙紙
편안할, 고요할 염	붓, 글 필	인륜, 윤리, 차례 륜	종이 지

풀이 : 진나라의 봉녕은 토끼털로 붓을 처음 만들었고, 후한의 채륜은 처음으로 종이를 만들었다.

鈞	巧	任	釣
钅金釒釣鈞	一丁工巧巧	亻亻仁任任	钅金釒釣釣
고를, 녹로 균	공교할, 재주 교	맡을, 일, 버려둘 임	낚시, 낚을, 구할 조

풀이 : 위나라 마균은 지남거를 만들었고, 전국 시대 임공자는 처음으로 낚시를 만들었다.

도움 한자

布衣(포의) : 베옷. 벼슬하지 않은 사람
射手(사수) : 대포·총·활 등을 쏘는 사람
遼河(요하) : 중국 만주 남부의 강 이름
丸衣(환의) : 환약의 거죽에 얇게 입힌 가루
琴瑟之樂(금슬지락) : 부부의 화목한 즐거움
恬裕(염유) : 마음이 고요하고 너그러움

筆談(필담) : 글로 써서 서로 의사를 통함
倫次(윤차) : 신분의 차례
紙帳(지장) : 종이로 만든 모기장이나 방장
鈞敵(균적) : 힘이 비슷하여 우열이 없음
巧猾(교활) : 꾀가 많고 간사함
釣名(조명) : 명예를 구함

釋	紛	利	俗
千 乎 푝 釋釋	糸 糸 紗 紛紛	千 禾 利 利	亻 亻 伀 俗 俗
풀, 부처이름 석	어지러울, 번잡할 분	편리할, 이로울, 이익 리	풍습, 속될, 속인 속

풀이 : 앞의 여덟 사람들은 재주를 다하여 어지러운 것을 풀어 없애 풍속을 이롭게 하였다.

並	皆	佳	妙
丶 ㅗ 立 並	卜 比 毕 皆	亻 亻 伫 佳 佳	女 刘 妙 妙 妙
나란히설 병	다, 같을 개	아름다울, 훌륭할 가	묘할, 예쁠, 젊을 묘

풀이 : 앞의 사람들은 모두가 훌륭하며 묘한 재주를 가졌다.

毛	施	淑	姿
一 二 三 毛	一 亐 方 扩 施	氵 汁 汁 沫 淑	冫 汀 沙 次 姿
털, 풀, 가늘 모	베풀, 줄 시	맑을, 사모할, 착할 숙	맵시, 모습, 바탕 자

풀이 : 모는 오나라의 모타라는 여인이고, 시는 월나라의 서시라는 여인인데 모두 절세 미인이다.

工	嚬	姸	笑
一 T 工	口 吗 哘 嚬 嚬	女 妏 奸 妍 姸	竹 竺 竺 竺 笑
장인, 공교할, 벼슬 공	찡그릴 빈	고울, 총명할 연	웃을, 기쁠 소

풀이 : 두 여인의 찡그리는 모습은 흉내낼 수 없이 예쁘고, 웃는 모습은 곱고 아름다웠다.

도움 한자

釋然(석연):미심쩍었던 것이 확 풀림
利尿(이뇨):약제를 써서 오줌을 잘 나오게 함
並發(병발):두 가지 이상의 일이 한번에 일어나는 일
妙境(묘경):말로 표현할 수 없을 만큼 경치가 좋은 곳

毛細管(모세관):털처럼 아주 가느다란 관
淑女(숙녀):정숙한 여자
資質(자질):타고난 성품과 소질
工藝(공예):물건을 만드는 재주
姸芳(연방):아름답고 향기로움
笑罵(소매):비웃으며 꾸짖음

年	矢	每	催
ノ ト ヒ 느 年	ノ ト ヒ 矢 矢	ノ ヒ 与 每 每	イ 亻゙ 俨 俤 催
해, 나이 년	화살, 맹세할 시	매양, 마다, 탐낼 매	재촉할, 닥쳐올 최

풀이 : 세월이 화살같이 매양 빠르게 지나갔다.

義	暉	朗	曜
一 羊 差 義 義	日 日′ 昈 暉 暉	゙ 户 良 朗 朗	日 日′ 旷 㬢 曜
사람이름 희	빛, 빛날 휘	밝을 랑	빛날, 일월성신 요

풀이 : 날마다 떠오르는 아침 햇살은 밝게 빛나고 있다.

璇	璣	懸	斡
王 王′ 圻 玲 璇	王 玗 玑 璣 璣	日 旦 影 縣 懸	一 占 卓′ 斡 斡
아름다운 옥 선	구슬, 선기, 별이름 기	달, 걸, 멀 현	돌 알

풀이 : 선기는 천기를 보는 기구이며 높이 매달려 돌고 있다.

晦	魄	環	照
日 日′ 旷 晦 晦	白 白′ 的 魄 魄	王 王′ 珩 琾 環	日 日′ 昭 照 照
그믐, 어두울, 감출 회	넋 백	고리, 옥, 두를 환	비출, 빛, 영상 조

풀이 : 달이 고리와 같이 돌며 천지를 비추는 것을 말한다.

도움 한자

年高(연고) : 나이가 많음
矢言(시언) : 아주 굳게 언약한 말
催促(최촉) : 빨리 할 것을 재촉함
朗讀(낭독) : 소리를 높여 읽음
曜魄(요백) : 북두성(北斗星)을 달리 이르는 말
璇題(선제) : 옥으로 장식한 서까래의 끝단면

懸板(현판) : 글씨, 그림을 새겨서 다는 널조각
斡流(알류) : 물이 돌아 흐름. 또는 돌아서 흐르는 물
晦在(회재) : 남은 것이 얼마 되지 않음
環攻(환공) : 포위하여 공격함
照灼(조작) : 빛남, 광휘를 발함

指	薪	修	祐
扌扌扌指指	艹艹薪薪薪	亻亻修修修	示礻礻祜祐
손가락, 가리킬 지	땔나무, 나무할 신	닦을, 고칠, 꾸밀 수	도울 우

풀이 : 불타는 나무와 같은 정열로 도리를 닦으면 복을 얻는다.

永	綏	吉	邵
丶コ方永永	幺糸糸紒綏	十士吉吉吉	刀召召邵邵
길, 멀 영	편안할, 물러갈 수	길할, 성(姓) 길	고을이름 소

풀이 : 그러면 오래도록 편안하고 길함이 높을 것이다.

矩	步	引	領
矢矢矩矩矩	卜止牛步步	一弓弓引	令令領領領
법, 곡척 구	걸음 보	당길, 이끌, 늘일 인	거느릴, 다스릴 령

풀이 : 걸음을 똑바로 걷고 옷깃을 여미니 위의가 당당하다.

俯	仰	廊	廟
亻亻伫俯俯	亻亻亻仰仰	广庐庐底廊	广庐庿廟廟
숙일, 누울, 숨을 부	우러러볼, 의뢰할 앙	행랑, 곁채 랑	사당, 묘당 묘

풀이 : 사당 안에서는 머리를 숙이기도 하고 들기도 하여 예의를 지킨다.

도움 한자

指紋(지문) : 손가락 안쪽에 있는 물결 같은 금
修交(수교) : 나라와 나라 사이에 교제를 맺음
永劫(영겁) : 지극히 긴 세월, 영원한 세월
綏定(수정) : 나라를 편안하게 함
吉行(길행) : 좋은 일에 감
步測(보측) : 걸음 수로 거리를 잼

引咎(인구) : 스스로 책임을 짐
領有(영유) : 점령하여 소유함
俯伏(부복) : 고개를 숙이고 엎드림
仰面(앙면) : 얼굴을 쳐듦
廊底(낭저) : 대문간에 붙어 있는 작은 방
廟謁(묘알) : 임금이 종묘에 나아가 배례함

束	帶	矜	莊
一 丁 申 束 束	一 卅 卅 帶 帶	予 矛 矛 矜 矜	丷 艹 丼 荘 莊
묶을, 약속할, 단속할 속	띠, 찰, 데릴 대	자랑할 긍	엄할, 바를, 별장 장

풀이 : 띠를 단속하여 단정히 함으로써 긍지를 갖는다.

徘	徊	瞻	眺
彳 彳 彳 徘 徘	彳 彳 彳 徊 徊	目 旷 旷 瞻 瞻	目 盯 眇 眺 眺
노닐, 어정거릴 배	노닐, 어정거릴 회	볼, 쳐다볼 첨	바라볼 조

풀이 : 같은 장소를 어정거리면서 두루 쳐다본다.

孤	陋	寡	聞
孑 孑 狐 孤 孤	阝 阡 陋 陋	宀 宀 宜 寡 寡	門 門 門 聞 聞
외로울, 부모 없을 고	좁을, 못생길, 추할 루	적을, 홀어미 과	들을, 들릴 문

풀이 : 배운 것이 고루하고 들은 것이 적다.

愚	蒙	等	誚
日 旦 禺 禺 愚	艹 艹 茡 莢 蒙	𥫗 竺 笁 笁 等	言 訁 誚 誚 誚
어리석을, 우직할 우	어리석을, 어릴 몽	무리, 등급, 견줄 등	꾸짖을 초

풀이 : 작고 어리석어 몽매함을 벗어나지 못한다.

도움 한자

束手無策(속수무책) : 어쩔 도리가 없음
帶同(대동) : 사람을 함께 데리고 감
矜伐(긍벌) : 겉으로 드러내 자랑함
瞻鈴(첨령) : 처마 끝에 다는 풍경
眺望(조망) : 먼 곳을 널리 바라봄
孤身(고신) : 외로운 몸

孤雁(고안) : 홀로 날아가는 기러기
陋巷(누항) : 누추하고 좁은 거리
寡慾(과욕) : 욕심이 적음
愚弄(우롱) : 어리석다고 깔보아 놀려 댐
蒙昧(몽매) : 사리에 어리석고 어두움
等棄(등기) : 탐탁하지 않게 여기고 버림

謂	語	助	者
言 訂 謂 謂 謂	言 言 語 語 語	月 月 且 肋 助	十 土 耂 者 者
이를　　　　위	말할, 알릴　　어	도울　　　　조	놈, 사람, 어조사　자

풀이 : 한자의 조사, 즉 도움을 주는 말에는 다음 4자가 없다.

焉	哉	乎	也
下 正 焉 焉 焉	土 寸 吉 哉 哉	ノ 〈 亻 乎 乎	丿 也 也
어찌, 어조사　언	비롯할, 어조사　재	그런가, 어조사　호	어조사　　　야

풀이 : 많은 조사 중에서 언·재·호·야가 특히 많이 사용되고 있다.

도움 한자

謂人莫己若者亡(위인막기약자망):나를 따를 만한 사람은 없다고 자만하는 사람은 망한다는 뜻
語感(어감):말소리 또는 말투의 차이에 따라 밀이 주는 느낌
助演(조연):극이나 영화에서 주역을 돕고 때로는 그를 대리하는 연기를 맡은 사람. 배우들의 연기를 지도하고 도와 줌
焉敢(언감):어찌 감히, 감히 하지 못함을 뜻함
乎而(호이):친한 사람의 칭호
也帶(야대):과거에 급제한 사람에게 증서를 줄 때 급제한 사람이 띠던 띠

明心寶鑑

**명심보감 한자부수 명칭
모양이 비슷한 한자
두가지 이상의 음을 가진 한자**

明 心 寶 鑑

繼 善 篇

子—曰, 爲善者는 天報之以福하고 爲不善者는 天報之以禍니라

〔풀이〕 공자께서 말씀하시기를,「착한 일을 한 사람에게는 하늘이 복으로 보답해 주고 악한 일을 한 사람에게는 하늘이 화로써 보답해 주느니라」고 하셨다.

〔참고〕 자(子)는 공자(孔子:551~479 B.C.)를 가리킴. 공자는 중국 춘추시대의 대철학자요 사상가로서 유교(儒敎)의 시조(始祖)이다. 노(魯)나라의 곡부(曲埠)에서 태어났으며, 성은 공(孔), 이름은 구(丘), 자는 중니(仲尼)이다. 그는 30년 동안 여러 나라를 두루 돌아다니며 30년 치국(治國)의 도(道)를 설명했으며 육경(六經) 곧 예(禮)·악(樂)·시(詩)·서(書)·역(易)·춘추(春秋)를 산술(刪述)하고, 요·순·문왕(文王)·무왕(武王)·주공(周公) 등을 존경하고 숭배하여 고래의 사상을 크게 이루었다.

徐神翁이 曰, 積善이면 逢善이오 積惡이면 逢惡이니 仔細思量하라 天地는 不錯이니라

〔풀이〕 서신옹이 말하기를,「선을 쌓으면 선을 만날 것이고 악을 쌓으면 악을 만날 것이니, 자세히 생각하고 헤아려 보라. 하늘과 땅처럼 어기지 않을 것이다」라고 하였다.

〔참고〕 서신옹(徐神翁)은 중국 송(宋)나라 건안(建安) 사람으로 소식(蘇軾)·소철(蘇轍) 형제와 교분(交分)이 있었다.

平生作善天加福인데 若是愚頑受禍殃이라 善惡到頭終有報어든 高飛遠走也難藏이니라

〔풀이〕 평생에 착한 일을 하면 하늘이 복을 더해 주실 것인데 이같이 완고하고 미욱하고 어리석어 재앙을 받는구나. 선과 악은 마침내는 응보가 있다 하니, 높이 날고 멀리 달아난다 하여도 감

추기가 어렵다.

行藏虛實自家知인데 禍福因由更問誰요 善惡到頭終有報어든 只曾來早與來遲라
閑中點檢平生事하고 靜裏思量日所爲하여 常把一心行正道하면 自然天地不相虧니라

〔풀이〕 행장과 허실은 자기가 알고 있는데 화와 복의 유래를 누구에게 다시 물어 보는가. 선과 악이 결국에는 응보가 있는데 다만 오는 것이 이르고 늦은 것뿐이다. 한가할 때에 평소의 일을 점검하고, 고요한 속에 날마다 행한 일을 생각하고 헤아려서 항상 마음을 움켜쥐고 바른 길을 행하면 자연과 천지처럼 이지러지지 않을 것이다.

顔子—曰, 善以自益이요 惡以自損이라 故로 君子는 務其益以防損하며 非以求名하고
且以遠辱하느니라

〔풀이〕 안자가 말하기를,「착한 것은 스스로를 이익이 되게 하고 악한 것은 스스로를 손해가 되게 한다. 그리하여 군자는 착한 것으로써 스스로를 이익이 되게 하는 데 힘쓰고 이로써 손해가 되는 것을 방지하며 명예를 원하지 않고 무엇보다도 먼저 욕을 멀리한다」고 하였다.

〔참고〕 안자(顔子)는 안회(顔回:521~490 B.C.)의 높임말로써, 안회는 공자의 수제자이며 자는 자연(子淵)으로 중국 춘추 시대의 노(魯)나라 사람이다. 안회는 공자의 제자 중에서 학덕(學德)이 가장 높아 스승의 사랑을 한몸에 받았다. 집이 가난하고 불우했으나 이를 괴로워하지 않고 무슨 일에 성내거나 잘못을 범하는 일이 없어 공자의 다음가는 아성(亞聖)으로 존경을 받았다.

　　안회는 십철(十哲)의 한 사람으로 꼽히는데, 십철이란 공자 문하의 10인의 학행이 뛰어난 제자를 가리키며 곧 안회를 비롯하여 민자건(閔子騫)·염백우·중궁(仲弓)·재아(宰我)·자공(子貢)·염유·자로·자유(子游)·자하(子夏) 등이다.

顔子—曰, 君子는 見毫釐之善이라도 不可傾之며 行有纖之惡이라도 不可爲之니라

〔풀이〕 안자가 말하기를,「덕이 있는 군자는 아무리 작은 선을 보았다 할지라도 없앨 수 없으며, 아무리 작은 악을 행한다 할지라도 행할 수는 없는 것이다」라고 하였다.

司馬溫公이 家訓에 積金以遺子孫이라도 未必子孫이 能盡守요 積書以遺子孫이라도
未必子孫이 能盡讀이니 不如積陰德於冥冥之中하여 以爲子孫之計也니라

〔풀이〕 사마 온공이 가훈에, 「돈을 모아서 자손에게 물려준다고 하여도 자손들이 이것을 잘 지키지 못할 것이고, 책을 모아서 물려준다고 하여도 자손들이 반드시 잘 읽지 못할 것이니, 그럴 바에는 차라리 남몰래 덕을 쌓아 이것으로 자손들을 위하는 계획을 세우는 것만 못하다」고 하였다.

〔참고〕 사마 온공은 사마 광(司馬光:1019~1086)을 달리 이르는 말로 중국 북송 때의 학자이자 정치가이다. 자(字)는 군실(君實)이고 호(號)는 우부(迂夫) 또는 우수(迂叟)이며 보통 사마 온공으로 불린다. 사마 광은 중국 산서성(山西省)에서 태어나 20세에 진사(進士)가 되고 신종초(神宗初)에 한림학사(翰林學士)로 왕안석(王安石)의 신법(新法)에 반대하여 관계에서 물러났다. 그 후 《자치통감(資治通鑑)》의 편찬에 전념하였고 저서로는 《사마문정공집(司馬文正公集)》이 있다. 시호(諡號)는 문정(文正)이다.

天命篇

孟子-曰, 順天者는 存하고 逆天者는 亡하느니라

〔풀이〕 맹자께서 말하기를, 「하늘의 뜻, 즉 천명(天命)을 따르는 사람은 생존하게 되고, 하늘의 뜻을 거역하는 사람은 멸망하게 된다」고 하였다.

〔참고〕 맹자(孟子:372?~289? B.C. 390?~305? B.C. 생몰 연대에 대해서 두 가지 설이 있다)는 중국 전국 시대의 철학자로 이름은 가(軻)이며 자는 자여(子輿)·자거(子車)로 산동성(山東省) 사람이다. 맹자는 공자와 함께 효제(孝悌)의 도덕을 바탕으로 하는 것이나 적극적인 성선설(性善說:인간의 본성은 선천적으로 착하다는 것)을 주창하였다. 맹자는 공자의 손자인 자사(子思)의 문인(門人)에게서 배우고 양(梁)·제(齊)·송(宋)나라 등을 돌아다니며 왕도(王道)를 설교했으나 뜻을 이루지 못하고 고향에서 교육에 종사하며 일생을 보냈다. 그의 언행을 기록한 《맹자(孟子)》 7편은 공자의 사상을 계승 발전시킨 것으로 유학사상(儒學史上) 특히 유명하며, 남송의 주자(朱子) 이후 사서(四書)의 하나로 꼽힌다. 맹자는 왕도를 주장함에 있어 반드시 민의(民意)를 존중할 것이며, 악덕 군주는 이를 폐해도 좋다는 이른바 역성혁명(易姓革

命)을 시인했다.

近思錄에 云, 循天理면 則不求利나 而自無不利요 循人欲이면 則求利未得이나 而害已隨之니라

[풀이] 근사록에 말하기를, 「천리(천지 자연의 이치)를 따르면 이익을 구하지 않더라도 자연히 이익이 아님이 없을 것이고, 사람이 욕심을 따르면 이익을 구하여 아직 얻지 못했는데도 이미 손해가 따른다」고 하였다.

[참고] 《근사록(近思錄)》은 중국 송나라의 주자(朱子)와 여조겸(呂祖謙)이 함께 엮은 책으로, 정명도(程明道)·장횡거(張橫渠)·정이천(程伊川)·주무숙(周茂叔)들의 저서나 어록(語錄) 가운데에서 일상 수양에 긴요한 장구(章句) 622조목을 추려서 14부문으로 나누었다.

諸葛武候-曰, 謀事는 在人하고 成事는 在天하느니라.

[풀이] 제갈 무후가 말하기를, 「사업을 도모하는 것은 사람에게 달려 있고, 사업을 성공시키는 것은 하늘에 달려 있다」고 하였다.

[참고] 제갈 무후는 제갈 양(諸葛亮:181~234)을 가리키는 이름으로서, 제갈 양은 중국 삼국 시대 때 촉한(蜀漢)의 재상이었다. 자는 공명(孔明)으로서 유비(劉備)를 도와 오(吳)나라와 합세하여 조조(曹操)의 위나라 군사를 쳐부수고 촉한을 세웠다. 후에 유비의 아들 유선(劉禪)을 도와서 오나라와 수호하여 남쪽을 정벌하고 사마 의(司馬懿)가 이끈 위나라의 군사와 싸우던 중 병으로 죽었다. 뛰어난 지략과 충의의 인물로 중국 역사상 만인으로부터 추앙받고 있다.

玄帝垂訓에 人間私語라도 天聽은 若雷하고 暗室欺心이라도 神目은 如電이니라.

[풀이] 현제(천제)가 내린 훈계에, 「사람들끼리 나누는 비밀 이야기라도 하늘에게는 천둥 소리처럼 크게 들리고, 아무도 없는 어두운 방에서 자기 마음을 속이더라도 신에게는 번개처럼 환하게 보이는 것이다」라고 하였다.

忠孝略에 云, 欺人이면 必自欺其心이요 欺其心이면 必自欺其天心이니 豈可欺乎아

〔풀이〕 충효략에 이르기를, 「남을 속이는 것은 곧 스스로 자기의 마음을 속이는 것이요, 자기의 마음을 속이는 것은 자신이 천성으로 타고난 마음을 속이는 것이 되니, 어찌 속일 수가 있을까」라고 하였다.

世人要瞞人하되 分明把心欺라 欺心卽欺天이니 莫道天不知하라 天在屋簷頭하여 須有聽得時라 儞道不聽得이나 古今放過誰오

〔풀이〕 세상 사람들은 남을 속일 때 분명히 속일 사람의 마음을 잡고 속인다. 자기 마음을 속이는 것은 하늘을 속이는 것이니 하늘은 모른다고 말하지 말라. 하늘은 먼 곳에 있는 것이 아니고 바로 네 집 처마 끝에 있으므로 하나도 빠짐없이 그때 그때 얻어 들을 수 있다. 네 자신은 얻어 듣지 못했다고 말하나 옛날이나 지금이나 그대로 버려둔 것은 누구냐.

人은 善人欺하되 天不欺하고 人은 惡人怕하되 天不怕니라.

〔풀이〕 사람은 착한 사람은 속이되 하늘을 속이지는 못하고 사람은 악한 사람을 두려워하되 하늘을 두려워하지는 않는다.

順命編

子夏-曰, 死生有命이요 富貴在天이니라

〔풀이〕 자하가 말하기를, 「사람이 죽고 사는 것은 운명에 달려 있고, 부자나 귀한 사람이 되는 것은 하늘에 달려 있다」고 하였다.

〔참고〕 자하는 중국 춘추 시대 때 공문(孔門) 십철(十哲)의 한 사람으로 본명은 복상(卜商)이며 자하는 자(字)이다. 자하는 문학에 뛰어났으며 위나라 문후(文侯)의 스승이었고 공문 중에서 후세까지 가장 많은 영향을 끼쳤다. 자하는 공자가 산정(刪定)한 《시경(詩經)》과 《역경(易經)》 및 《춘추(春秋)》를 전했다고 한다.

만사 불유인계교 일생 도시명안배
萬事는 不由人計較요 一生은 都是命安排니라
[풀이] 모든 일은 사람의 논쟁에 비롯된 것이 아니고 천명에 비롯된 것이요, 사람의 일생도 모두 천명의 배치에 있는 것이다.

만사 분이정 부생 공자망
萬事-分已定이어늘 浮生이 空自忙이니라
[풀이] 모든 일에 분수가 이미 정해졌는데 세상 사람들이 공연히 스스로 바쁘게 생각한다.

맹자왈 행혹사지 지혹니지 행지 비인소능야
孟子-曰, 行或使之며 止或尼之나 行止는 非人所能也니라
[풀이] 맹자께서 이르기를,「사람이 어디로 갈 때에는 가도록 하는 계기를 만들어 주는 사람이 나타나는 수가 있고, 가는 것을 그만둘 때에도 그렇기는 하나, 이것은 그렇게 하는 사람의 힘이 아니고 하늘이 그의 뜻에 따라 그렇게 시킨 것에 지나지 않으며 사람이 능히 할 수 있는 것이 아니다」라고 하였다.

경행록 운 화불가이행면 복불가이재구
景行錄에 云, 禍不可以倖免이요 福不可以再求니라
[풀이] 경행록에 말하기를,「화는 요행을 가지고 벗어나지는 못하고, 복이라는 것은 재차 하는 것으로도 구하지 못한다」고 하였다.

곡례 왈 임재 무구득 임난 무구면
曲禮에 曰, 臨財에 毋苟得하고 臨難에 毋求免하라
[풀이] 곡례에 이르기를,「재물에 대하여 그것을 얻으려고 구차스럽게 굴지 말고, 어려움을 당해서는 구차스럽게 벗어나려고 굴지 말라」고 하였다.

자왈 지명지인 견리부동 임사불원
子-曰, 知命之人은 見利不動하고 臨死不怨하느니라
[풀이] 공자께서 이르기를,「천명을 아는 사람은 이익을 보아도 마음이 움직이지 않고, 죽음에 이르러서도 남을 원망하지 않는다」고 하였다.

素書에 云, 見謙而不苟免하고 見利而不苟得이니라

〔풀이〕 소서에 말하기를, 「겸손한 것을 보거든 구차스럽게 그 경우에서 벗어나려고 하지 말고, 이익을 보거든 구차스럽게 이익을 얻으려고 하지 말라」고 하였다.

福至不可苟求요 禍至不可苟免이니라

〔풀이〕 복이 이른다는 것은 구차스럽게 구해서 되는 것이 아니고, 화가 이른다는 것은 구차스럽게 벗어나려고 해서 되는 것이 아니다.

列子—曰, 痴聾痼瘂라도 家豪富요 智惠聰明이라도 却受貧이라 年月日時該載定인데 算來由命不由人이니라

〔풀이〕 열자가 말하기를, 「어리석고 귀먹고 고질 병자이고 말 못하는 벙어리라도 호화로운 집에서 부자로 살 수 있으며, 지혜롭고 총명한 사람일지라도 도리어 가난하고 군색하게 사는 수가 있다. 이것을 보면 모든 것이 사주 팔자에 미리 정해진 것으로 운명에 있는 것이지 사람의 재능에 있는 것이 아니다. 따라서 사람이 잘나고 못나고에 따라 집이 호화롭고 부유하고 가난한 것은 결코 아니다」라고 하였다.

〔참고〕 열자(列子)는 중국 춘추 시대의 사상가로 이름은 어구(御寇)로 노(魯)나라 사람 또는 정(鄭)나라 사람이라고 하며, 진(秦) 나라의 무공(繆公)과 같은 시대의 사람이라고도 한다. 사상적으로는 도가(道家)에 딸리고 충허진인(沖虛眞人)·지덕 충허진인(至德沖虛眞人) 등의 칭호가 있다. 열자의 저서로는 《열자(列子)》가 있는데, 이 책은 열자의 철학설을 그의 문인(門人)이 〈천서(天瑞)〉·〈황제(黃帝)〉·〈주목왕(周穆王)〉·〈중니(仲尼)〉·〈탕문(湯問)〉·〈역명(力命)〉·〈양주(楊朱)〉·〈설부(說符)〉 등 8편으로 나누어 기술한 것이다. 이 책은 위(魏)·진(晋)나라 사람이 가필한 것이라고 하는데 소론은 노자(老子)의 청허(淸虛)·무위(無爲)의 사상에 따른 것으로 독창성이 적다.

得一日이면 過一日하고 得一時면 過一時니라

〔풀이〕 하루를 얻으면 그 하루가 지나가게 마련이고, 한때를 얻으면 그 한때도 지나가게 마련이다.

緊行이나 漫行이나 前程엔 只有許多路니라
[풀이] 급히 가거나 천천히 가거나 앞길에는 오직 대단히 많은 길이 있을 뿐이다.

一飮一啄은 事皆前定이니라
[풀이] 한 번 마시는 것이나 한 번 뽑히는 일은 모두 미리 정해진 것이다.

景行錄에 云, 凡不可著力이면 處便是命也니라
[풀이] 경행록에 이르기를, 「무릇 힘을 쓸 수 없으면 곧 천명에 있게 된다」고 하였다.

會不如命이요 知不如福이니라
[풀이] 깨달음은 천명만 같지 않고, 아는 것은 행복만 같지 않다.

孝 行 篇

詩에 曰, 父兮生我하시고 母兮鞠我하시니 哀哀父母여 生我劬勞셨다. 欲報深恩인데 昊天罔極이셨다.

[풀이] 시경에 말하기를, 「아버님이 나를 낳으시고 어머님이 나를 기르시니 가엾은 부모님이시여 나를 낳으시느라 애쓰시고 수고하셨다. 그 깊은 은덕을 갚으려고 하는데 하늘같이 끝이 없으셨다」고 하였다.

[참고] 시(詩)란 《시경(詩經)》을 말하는 것으로 이는 오경(五經)의 하나이다. 《시경》은 중국 춘추시대의 민요를 중심으로 한 중국의 가장 오래 된 시집으로 여러 나라의 민요를 모은 풍(風), 조정의 음악인 아(雅), 종묘의 제사 때 음악인 송(頌)의 세 부분으로 크게 나누었다. 시경은 사언형(四言形:한 구(句)가 넉자로 이루어짐)이 특색이며 중국뿐만 아니라 우리나라 고대 문학에도 크게 영향을 끼쳤다.

子-曰, 君子之事親이 孝라 故로 忠可移於君이요 事兄이 弟라 故로 順可移於長이요 居家-理라 故로 治可移於官이니라

〔풀이〕 공자께서 말하기를,「군자는 효도로 부모를 섬기기 때문에 그 마음으로 임금에게도 충성을 하게 되고, 형을 공경으로 섬기기 때문에 그 마음으로 어른과 어린아이의 순서가 있게 되고, 집에서는 집안일을 잘 처리하기 때문에 그 마음으로 벼슬살이를 잘할 수 있는 것이다」라고 하였다.

子-曰, 身體髮膚는 受之父母라 不敢毁傷이 孝之始也요 立身行道하여 揚名於後世하여 以顯父母-孝之終也니라

〔풀이〕 공자께서 말하기를,「몸과 머리카락과 피부는 부모에게서 받았다. 그러므로 감히 상하게 하지 않는 것이 효도의 시작이다. 몸을 세우고 도를 행하여서 이름을 후세에 떨쳐 부모의 이름까지도 빛나게 하는 것이 효도의 끝이다」라고 하였다.

子-曰, 孝子之事親也에 居則致其敬하고 養則致其樂하고 病則致其憂하고 喪則致其哀하고 祭則到其嚴이니라

〔풀이〕 공자께서 말하기를,「효자가 부모를 섬기는 데 있어서 거처할 때에는 공경하는 마음을 다하고, 봉양할 때에는 부모가 즐거워하도록 정성을 다하고, 병이 드셨을 때에는 근심을 다하고, 부모가 돌아가셔서 상중일 때에는 슬픔을 다하고, 부모의 제사를 지낼 때에는 엄숙함을 다할 것이다」라고 하였다.

子-曰, 故로 不愛其親이요 而愛他人者를 謂之悖德이요 不敬其親이요 而敬他人者를 謂之悖禮니라

〔풀이〕 공자께서 말하기를,「그러므로 자기의 부모를 사랑하지 않고 남을 사랑하는 사람을 덕에 어그러졌다고 말하고, 자기의 부모를 공경하지 않고 남을 공경하는 사람을 예에 어그러졌다」고 하였다.

曲禮에 曰, 夫爲人子者는 出必告하며 反必面하며 所遊를 必有常하며 所習을 必有業하며 恒言에 不稱老니라 年長以倍則父事之하며 十年以長則兄事之하며 五年以長則肩隨之니라

〔풀이〕 곡례에 말하기를,「무릇 자식된 자는 외출할 때마다 부모에게 외출함을 아뢰며 돌아와서는 부모를 뵈며 노는 곳은 부모가 알 수 있도록 장소를 옮기지 않아야 하고 익히는 것에는 반드시 학업이 있어야 하며 평상시에 자기를 늙었다고 말해서는 안 될 것이다. 나이가 어른으로서 배가 되면 부집으로 이를 섬기며, 십년으로서 어른이면 형으로 모시며, 오년으로서 어른이면 어디를 같이 갈 때 나란히 가되 조금 뒤쳐져서 걸어가야 한다」고 하였다.

正己篇

素書에 云, 釋己以敎人者는 逆이요 正己以化人者는 順이니라

〔풀이〕 소서에 이르기를「자기를 버리고 남을 교화하려는 자는 이치에 거스르는 것이고, 자기를 바로잡고 남을 교화하려는 자는 이치에 순종하는 것이다」고 하였다.

荀子-曰, 以善으로 先人者를 謂之敎요 以善으로 和人者를 謂之順이요 以不善으로 先人者를 謂之詔이요 以不善으로 和人者를 謂之諛니라

〔풀이〕 순자께서 말하기를,「선을 가지고 남의 앞장을 서는 것을 교화라 하고, 선으로써 사람을 화목하게 하는 것은 순화(順化)라 하고, 선이 아닌 것을 가지고 남의 앞장을 서는 것을 아첨이라 하고, 선이 아닌 것을 가지고 사람을 화목하게 하려는 것을 아당(阿黨)이라 한다」고 하였다.

〔참고〕 순자(荀子:298?~235? B.C.)는 중국 전국 시대의 유학자로 이름은 황(況)이다. 그는 예의로써 사람의 성질을 교정할 것을 주장하고 맹자의 성선설(性善說)에 대하여 성악설(性惡說)을 제창하였다. 형명법술(刑名法術)을 대성한 한비(韓非)는 그의 문하생이며 저서로는 《순자(荀子)》20권이 있다.

太公이 曰, 勿以貴己而賤人하며 勿以自大而蔑小하며 勿以持勇而輕敵하라
〔풀이〕 태공이 말하기를, 「자신을 귀하게 여기면서 남을 천하게 여기지 말며, 스스로를 크게 여기면서 남을 업신여기지 말며, 용맹을 지녔다고 적을 가볍게 여기지 말라」고 하였다.

景行錄에 云, 人이 資稟을 要剛하나니 剛則有立이니라
〔풀이〕 경행록에 이르기를, 「사람은 천성이 억세기를 필요로 하나니 억세면 입신 출세를 할 수 있다」고 하였다.

景行錄에 云, 大丈夫어든 當容人이언정 無爲人所容하라
〔풀이〕 경행록에 이르기를, 「대장부라면 마땅히 남을 용서할 망정 남에게 용서를 받아서는 안 된다」고 하였다.

景行錄에 云, 不自重者는 取辱하고 不自畏者는 招禍하며 不自滿者는 受益하고 不自是者는 傳聞이니라
〔풀이〕 경행록에 말하기를, 「자기의 인격을 소중하게 여기지 않는 사람은 치욕을 받게 되고, 자신을 두려워하지 않는 사람은 재앙을 불러들이며, 자기 자신에 만족하지 않는 사람은 이익을 받고, 자기 자신을 옳다고 여기지 않는 사람은 좋은 소문을 듣는다」고 하였다.

性理書에 云, 見人之善이어든 而尋己之善하고 見人之惡이어든 而尋己之惡하라 如此라야 方是有益이니라
〔풀이〕 성리서에 말하기를, 「남의 착한 것을 보거든 나의 착한 것을 찾고, 남의 악한 것을 보거든 나의 악한 것을 찾아라. 이와 같이 해야만 바야흐로 유익할 것이다」라고 하였다.

子-曰, 君子는 不重則不威니 學則不固니라 主忠信하라
〔풀이〕 공자께서 말하기를,「군자는 무게가 없으면 위엄이 없다. 배우면 고루(固陋)하지 않다. 성심과 신의(信義)를 위주로 해야 한다」고 하였다.

孟子-曰, 以力服人者는 非心服也요 以德服人者는 中心悅而誠服也니라
〔풀이〕 맹자께서 말하기를,「힘으로 남을 복종시키는 것은 마음으로 복종시키는 것이 아니고, 덕으로 남을 복종시키는 것은 마음 속으로부터 기뻐서 진실로 복종하는 것이다」라고 하였다.

文詩에 曰, 心無妄思하며 足無妄走하며 人無妄交하며 物無妄受니라
〔풀이〕 문시에 말하기를,「마음에는 망령된 생각을 하지 말며, 발은 망령된 달리기를 하지 말며, 사람은 망령된 교제를 하지 말며, 물건을 망령되게 받지 말 것이다」라고 하였다.

安分篇

子-曰, 富與貴는 是人之所欲也나 不以其道得之어든 不處也하며 貧與賤은 是人之所惡也나 不以其道得之라도 不去也니라
〔풀이〕 공자께서 말하기를,「부와 귀는 사람이 욕심내는 것이나 도로써 그것을 얻은 것이 아니라면 그것을 얻거든 처하지 않으며, 가난함과 천함은 사람이 싫어하나 도로써 하지 않으면 그것을 얻어도 버리지 않을 것이다」라고 하였다.

子-曰, 不義而富且貴는 於我에 如浮雲이니라
〔풀이〕 공자께서 말하기를,「의롭지 못하면서 부하고 귀하다는 것은 내게 있어서는 뜬구름과 같은 것이다」라고 하였다.

子-曰, 君子固窮이니 小人窮斯濫矣니라

[풀이] 공자께서 말하기를,「군자는 본디 궁하니 소인은 궁하면 지나쳐 잘못을 저지른다」고 하였다.

中庸에 云, 素富貴하면 行乎富貴하며 素貧賤하면 行乎貧賤하며 素夷狄하면 行乎夷狄하며 素患難하면 行乎患難이니라

[풀이] 중용에 이르기를,「부귀에 처해서는 부귀에 알맞게 행동하며, 빈천에 처해서는 빈천에 알맞게 행동하며, 오랑캐에 처해서는 오랑캐에 알맞게 행동하며, 근심과 재난에 처해서는 역시 그에 알맞게 행동한다」고 하였다.

[참고] 《중용(中庸)》은 유교(儒敎)의 경전으로 사서(四書)의 하나이며 공자의 손자인 자사(子思)가 지었다고 한다. 이는 우주론으로부터 중용의 덕을 인간 행위의 최고 기준으로 삼았으며 또 천인 합일(天人合一)의 형이상학(形而上學)을 논했다. 본디 《예기(禮記)》의 한 편이었으나 송나라 때 주자(朱子)가 독립시켰다.

汪信民이 嘗言에 人이 常咬得菜根하면 則百事를 可做니라

[풀이] 왕신민이 일찍이 말하기를,「사람이 항상 나물 뿌리를 캐어먹을 수가 있다면 백 가지 일을 할 수 있다」고 하였다.

[참고] 왕신민(汪信民)은 중국 송나라 임천(臨川) 사람으로서 이름은 혁(革)이고 신민은 자(字)이다. 여희철(呂希哲)의 문인으로서 채경(蔡京)에 소명되었으나 응하지 않았다. 저서에는 《청계유고(青谿類稿)》와 《논어직해(論語直解)》가 있다.

神童詩에 云, 壽夭莫非命이요 窮通各有時라 迷途空役役은 中分是便宜니라

[풀이] 신동시(책이름)에 이르기를,「장수와 요절은 천명 아닌 것이 없고, 곤궁과 영달은 각각 때가 있다. 도에 미혹되어 헛되게 노역(勞役)하여 쉬지 않는 모양은, 반분(半分)하는 일이 곧 적의한 처분이다」라고 하였다.

擊壤詩에 云, 安分身無辱이요 知幾心自閑이라 雖居人世上이라도 却是出人間이니라

〔풀이〕 격양시에 이르기를, 「편안한 마음으로 제 분수를 지키면 몸에 욕됨이 없고, 세상이 돌아가는 계기를 안다면 마음이 저절로 한가할 것이다. 비록 사람이 세상을 살아간다 할지라도 도리어 이 세상에서 벗어난 것이 된다」고 하였다.

景行錄에 云, 知足可樂이요 務貪則憂니라

〔풀이〕 경행록에 이르기를, 「넉넉함을 알면 즐거워할 수 있을 것이고 힘써 재물을 욕심내면 근심이 된다」고 하였다.

知足者는 貧賤도 亦樂이요 不知足者는 富貴도 亦憂니라

〔풀이〕 넉넉한 것을 아는 사람은 가난하고 천해도 또한 즐거울 것이고, 넉넉함을 모르는 사람은 돈이 많고 신분이 높아도 근심한다.

存心篇

子曰, 聰明思睿라도 守之以愚하고 功被天下라도 守之以讓하고 勇力振世라도 守之以怯하고 富有四海라도 守之以謙이니라

〔풀이〕 공자께서 말하기를, 「기억력이 뛰어나고 슬기가 있으며 생각이 깊고 밝더라도 이를 지키는 것은 어리석은 체함으로써 하고, 공이 천하를 덮을지라도 이를 지키는 것은 사양으로써 하고, 용맹과 힘이 세상에 떨치더라도 이를 지키는 것은 겁쟁이인 체함으로써 하고, 돈이 사해처럼 많이 있더라도 이를 지키는 것은 겸손으로써 할 것이다」라고 하였다.

邵康節이 問陣希夷하여 求將身之術한데 希夷-曰, 快意事는 不可做得이요 便宜處는 不可再性이니라

〔풀이〕 소강절이 진희이에게 물어서 몸을 기르는 법을 구했는데, 희이가 말하기를 「마음이 상쾌한 일은 만들어서 얻을 수 없고, 편하고 좋은 곳은 두 가지 성질이 없다」고 하였다.

〔참고〕 소강절(邵康節:1011~1077)은 중국 송나라 때의 유학자이며 이름은 옹(雍), 자는 요부(堯夫), 강절은 시호(諡號)로 하남(河南) 사람이다. 소강절은 이정지(李挺之)에게서 도서 선천 상수(圖書先天象數)의 학을 배워 신비적인 수리학을 세웠다. 저서에는 《황극경세서(皇極經世書)》·《격양집(擊壤集)》 등이 있다.

古人은 形似獸나 心有大聖德하고 今人은 表似人이나 獸心을 安可測이리오

〔풀이〕 옛날 사람은 생김새가 짐승과 같으나 마음 속에는 커다란 성인의 덕이 있고, 오늘날의 사람은 겉모습은 사람과 같으나 짐승의 마음 속을 어찌 헤아릴 수 있으랴.

素書에 云, 博學切問은 所以廣知요 高行做言은 所以修身이니라

〔풀이〕 소서에 이르기를, 「널리 배우고 간절하게 물어보는 것은 지식을 넓히기 위한 것이고, 고상한 행동으로 말을 하는 것은 자기 몸을 닦으려는 까닭이다」라고 하였다.

素書에 云, 務善策者는 無惡事요 無遠慮者는 有近憂니라

〔풀이〕 소서에 이르기를, 「좋은 꾀에 대해 힘쓰는 사람은 나쁜 일이 없고, 멀리 생각하지 않는 사람은 가까운 근심이 있다」고 하였다.

子貢이 曰, 貧而無諂하며 富而無驕니라

〔풀이〕 자공이 말하기를, 「가난하다고 아첨하지 말 것이며, 돈이 많다고 교만하지 말 것이다」라고 하였다.

常將有日思無日이니 莫待無時思有時하라
〔풀이〕 언제나 앞으로 날이 있다고 생각하면 날이 없으니, 때가 없다고 생각하면서 때가 있기를 기대하지는 마라.

有錢常記無錢日하고 安樂常思官病時하라
〔풀이〕 돈이 있을 때 항상 돈이 없던 날을 기억하고, 편안하고 즐거울 때 항상 관능을 앓았을 때를 생각하라.

素書에 云, 薄施厚望者는 不報요 貴而忘賤者는 不久니라.
〔풀이〕 소서에 이르기를, 「인색하게 베풀고 많이 바라는 사람은 보답이 없을 것이고, 귀하게 된 다음 천한 때를 잊어버리는 사람은 귀함이 오래 가지 못할 것이다」라고 하였다.

施恩이어든 勿求報하고 與人이어든 勿追悔하라
〔풀이〕 은혜를 베풀었으면 갚아 주기를 바라지 말고, 남에게 주었으면 뒤에 뉘우치지 마라.

景行錄에 云, 誠無悔하며 恕無怨하며 和無讎하며 忍無辱이니라
〔풀이〕 경행록에 이르기를, 「진실하면 뉘우침이 없으며, 용서하면 원망함이 없으며, 화목하면 원수가 없고, 참으면 욕됨이 없다」고 하였다.

戒 性 篇

景行錄에 云, 人性이 如水하여 水一傾則不可復이요 性一縱則不可反이니 制水者는 必以隄防하고 制性者는 必以禮法이니라

[풀이] 경행록에 이르기를, 「사람의 성품이 물과 같아 물이 한 번 엎질러지면 다시 그러담을 수 없고, 성품 또한 한 번 방종해지면 돌이킬 수 없을 것이므로, 사람이 물을 제어하려면 반드시 제방으로 하고 성품을 제어하려면 반드시 예법으로 해야 한다」고 하였다.

景行錄에 云, 屈己者는 能處重하고 好勝者는 必遇敵이니라

[풀이] 경행록에 이르기를, 「자기의 뜻을 굽혀서 남에게 순종하는 사람은 능히 중요한 지위에 있게 되고, 이기는 것을 좋아하는 사람은 반드시 적을 만나게 된다」고 하였다.

忍是心之寶요 不忍身之殃이라 舌柔常在口요 齒所只爲剛이라 思量這忍字면 好箇快活方이라 片時不能忍이면 煩惱日月長이니라

[풀이] 참는 것은 곧 마음의 보배이고 참지 못하는 것은 몸의 재앙이다. 혀는 언제나 입 안에 있으므로 부드럽고, 이는 잇몸 속에 있어서 다만 강할 따름이다. 생각하고 헤아리건데 이 참을 인자로 하면 시원하고 활발한 방법이다. 잠깐이라도 참을 수 없다면 번뇌는 날마다 달마다 더할 것이다.

一切諸煩惱는 皆從不忍生이요 臨機與對境에는 妙在先見明이라 佛語在無諍하고 儒書貴無爭이라 好條快活路로되 世上少人行이라

[풀이] 모든 번뇌는 다 참지 못함에 따라 생기고 시기에 임하여 마주 향한 곳에 묘는 선견지명에 있다. 부처의 말은 다투지 않은 데에 있고, 유서(儒書:유가에서 쓰는 책)에는 서로 다투지 않는 것을 귀하게 여긴다. 좋은 법은 시원하고 활발한 길이나 세상 사람들은 행하는 바가 드물다.

得忍且忍하고 得戒且戒하라 不忍不戒면 小事成大니라

[풀이] 참을 수 있거든 또 참고 경계할 수 있거든 또 경계하라. 참지 못하고 경계하지 못하면 작은 일이 크게 된다.

忍一時之氣면 免百日之憂니라

〔풀이〕 한때의 기분을 참으면 백일의 근심을 벗어나게 된다.

惡人이 罵善人커든 善人은 總不對하라 善人이 若返罵하면 彼此無智慧니라 不對는 心淸涼이요 罵者는 口熱沸니라 正如人唾天하여 還從己身墜니라

〔풀이〕 악인이 선인을 욕하거든 선인은 전혀 대항하지 마라. 선인이 만약 악인에 대항하여 욕할 것 같으면 서로간에 지혜가 없는 것이다. 대항하지 않는 것은 마음이 맑고 시원한 것이고, 욕을 한 자는 입이 뜨거워 끓을 것이다. 마치 사람이 하늘을 향해 침을 뱉는 것 같아서 도로 자기의 몸에 떨어질 것이다.

愚濁生嗔怒는 皆因理不通이라 休添心上焰하고 只作耳邊風하라 長短은 家家有요 炎涼은 處處同이라 是非無實相하여 究竟摠成空이니라

〔풀이〕 어리석고 흐리멍덩하면서 남을 꾸짖고 성내는 것은 이치에 통하지 못한 까닭이다. 마음 위에 불꽃을 더하지 말고 귓가를 스치는 바람같이 생각하라. 장점과 단점은 집집마다 있고, 인정의 후하고 박함은 곳곳이 똑같다. 옳고 그름은 모습이 실제로 없어서 마침내는 모두 다 헛된 것이 된다.

我若被人罵라도 佯聾不分說하라 譬如火燒空하여 不救自然滅이라 鎭火亦如是어든 有物遭他熱이라 我心等虛空커늘 听儞翻脣舌이니라

〔풀이〕 내가 만약 남에게 욕을 듣더라도 거짓으로 귀먹은 체하고 따지지 마라. 비유하자면 불이 허공을 태우는 것 같아서 끄려고 하지 않아도 자연히 꺼진다. 불이 꺼지는 것이 또한 이와 같거든 물건이 있으면 다른 것에서 오는 열을 받게 마련이다. 내 마음은 허공처럼 아무렇지도 않은데 말다툼을 하는 너는 입술과 혀만 놀리고 있을 뿐이다.

凡事에 留人情이면 後來에 好相見이니라
〔풀이〕 모든 일에 인정을 두면 앞으로 오는 날에 서로가 보기 좋다.

勤學篇

子―曰, 博學而篤志하며 切問而近思하면 仁在其中矣니라
〔풀이〕 공자께서 말하기를, 「널리 배워서 지식을 두텁게 하며 뜻을 가지고 절실하게 질문해서 가까운 것부터 생각하면 인(仁)이 그 가운데에 있다」고 하였다.

莊子에 云, 人之不學이면 若登天而無術하고 學而智遠이면 若披祥雲而覩靑天하며 如登高山而望四海니라
〔풀이〕 장자에 이르기를, 「사람이 배우지 않으면 하늘에 오르고 싶은데 꾀가 없는 것 같고, 배워서 지식이 깊어지면 상서로운 구름을 헤치고 푸른 하늘을 보는 것 같으며, 높은 산에 올라가서 사해, 곧 천하를 바라보는 것 같다」고 하였다.
〔참고〕 장자(莊子)는 중국의 전국 시대(戰國時代) 때의 사상가로 맹자와 같은 시대의 사람이다. 이름은 주(周)이며 물(物)의 시비(是非)와 선악을 초월하여 자연 그대로 살아가는 자연 철학을 주장했다. 노자의 무위 자연(無爲自然)의 사상을 발전시켰고, 노자가 정치적·사회적 문제를 대상으로 다룬 데 대하여 장자는 개인의 안심 입명(安心立命)을 문제삼았다. 저서에는 《장자(莊子)》가 있다.

莊子에 云, 不登峻嶺하면 不知天高하며 不履深崖하면 豈知地厚하며 人不遊於聖道하면 焉可謂賢이리오
〔풀이〕 장자에 이르기를, 「높은 산봉우리에 오르지 않으면 하늘이 높은 줄을 알지 못하며, 깊은 낭떠러지를 밟지 않으면 어찌 땅이 두터운 줄을 알며, 사람이 성인의 도에서 놀지 않으면 어찌

현인을 이야기할 수 있겠는가」라고 하였다.

朱文公이 曰, 勿謂今日不學而有來日하며 勿謂今年不學而有來年하라 日月逝矣나 歲不我延이니 嗚呼老矣라 是誰之愆고

〔풀이〕 주문공이 말하기를,「오늘 배우지 않고 내일이 있다고 말하지 마라. 금년에 배우지 않고 내년이 있다고 말하지 마라. 세월은 자꾸만 흘러가는데 나와 같이 나아가 주지는 않는다. 아! 늙었구나, 이것이 누구의 허물인가」라고 하였다.

人이 不知學이면 譬如牛羊이니라

〔풀이〕 사람이 학문을 모르면 비유하건대 동물인 소나 양과 같다.

直言訣에 曰, 造燭求明하고 讀書求理하나니 明以照暗室하고 理以照人心이니라

〔풀이〕 직언결(책이름)에 말하기를,「초를 만드는 것은 밝음을 구하기 위해서이고, 글을 읽는 것은 이치를 구하기 위해서이니, 밝음으로는 어두운 방을 비추고 이치로는 사람의 마음을 비춘다」고 하였다.

禮記에 曰, 博聞强識而讓하며 敦善行而不怠하면 謂之君子니라

〔풀이〕 예기에 말하기를,「널리 듣고 잘 기억하여 겸손하며, 선을 두텁게 행하여 게으르지 않으면 이를 군자라고 한다」고 하였다.

性理書에 云, 爲學之序에 博學之하고 審問之하며 謹思之하고 明辨之하며 篤行之니라

〔풀이〕 성리서에 이르기를,「학문을 하는 순서에 널리 이것을 배우고, 이를 자세히 물으며, 이를 조심하여 생각하고 밝게 분별하며, 이를 두텁게 행하라」고 하였다.

_{예기} _운 _{옥불탁} _{불성기} _{인불학} _{부지의}
禮記에 云, 玉不琢이면 不成器하고 人不學이면 不知義니라

〔풀이〕 예기에 이르기를,「옥은 다듬지 않으면 그릇이 될 수 없고, 사람은 배우지 않으면 의를 모른다」고 하였다.

_{한문공} _왈 _{인불통고금} _{마우이금거}
韓文公이 曰, 人不通古今이면 馬牛而襟裾니라

〔풀이〕 한문공이 말하기를,「사람이 예와 지금의 사실(史實)에 통달하지 못한다면 말이나 소에게 옷을 입힌 것과 같다」고 하였다.

〔참고〕 한문공(韓文公:768~824)의 이름은 유(愈)로서 중국 당(唐)나라 중세의 문인이며 자는 퇴지(退之). 호는 창려(昌黎)이다. 그는 당·송(宋)의 팔대가(八大家) 중의 한 사람인데 벼슬하는 동안 몇 차례나 좌천을 당했으나 만년에는 이부시랑에 올랐다. 유학을 숭앙하고 고문(古文)의 부흥을 제창했으며 시(詩)에도 탁월하여 호탕하고 기발한 작품이 많다. 대표작으로는《한창려문집(韓昌黎文集)》·《외집(外集)》등이 있다.

_{자왈} _{민이호학} _{불치하문}
子-曰, 敏而好學하며 不恥下問이니라

〔풀이〕 공자께서 말하기를,「재질이 민활하면서 배우기를 좋아하며, 아랫사람에게 묻는 것을 부끄러워하지 않았다」고 하였다.

_{자왈} _{제자입즉효} _{출즉제} _{근이신} _{범애중} _{이친인} _{행유여력}
子-曰, 弟子入則孝하고 出則弟하며 謹而信하며 汎愛衆하되 而親仁이니 行有餘力이어든
_{즉이학문}
則以學文이니라

〔풀이〕 공자께서 말하기를,「제자는 집 안에 들어오면 부모에게 효도하고 밖에 나가면 우애롭게 하며, 삼가고 신용이 있게 하며, 널리 여러 사람을 아끼되 인자한 사람을 가까이할 것이며, 이렇게 하고도 틈이 있으면 글을 배워야 한다」고 하였다.

_{논어} _운 _{학여불급} _{유공실지}
論語에 云, 學如不及이요 猶恐失之니라

〔풀이〕 논어에 이르기를,「학문은 앞에 가는 사람의 뒤를 좇아가도 미치지 못하는 것같이 하고, 오

히려 놓칠까 두려워한다」고 하였다.

[참고] 《논어(論語)》는 예로부터 유교의 성전(聖典)으로 존중되는 사서의 하나이다. 이는 공자(孔子)의 언행(言行)과 제자와 그 당시 사람들과의 문답 및 제자의 언행을 제자들이 모아 엮은 책으로서 공자의 가르침을 알 수 있는 오직 하나의 문헌이다. 이 책은 공자 사상의 중심을 이루는 효제(孝悌)와 충서(忠恕)를 바탕으로 하여 인(仁)의 도(道)를 설명했으며, 사람이 살아가는 방법이나 정치·교육 등에 큰 영향을 끼쳤다. 엮은 사람과 연대는 자세하지 않다.

禮에 曰, 獨學無友則孤陋寡聞이니라
[풀이] 예기에 말하기를,「독학하면서 벗이 없으면 견문이 좁고 학식이 천박하다」고 하였다.

訓子篇

白侍郎이 勉子文에 有田不耕하면 倉廩이 虛하고 有書不敎하면 子孫이 愚니라 倉廩虛兮여 歲月에 之하고 子孫愚兮여 禮義疎니라 若惟不耕與不敎면 是乃父兄之過歟아

[풀이] 백시랑이 자손을 권면하는 글에,「밭을 가지고 있으면서 갈지 않으면 창고가 텅 비고, 책을 가지고 있으면서 가르치지 않으면 자손이 어리석어진다. 창고가 비어 있으면 식량 대기에 모자라고, 자손이 어리석으면 예의가 소홀해진다. 만약 생각해 보건대 갈지 않는 것과 가르치지 않는 것이 같다면 이는 즉 부형의 허물일 것이다」라고 하였다.

[참고] 백시랑(白侍郎)은 중국 당나라 때의 대표적 시인이던 백거이(白居易:772~846)를 가리킨다. 백거이는 낙양 동쪽의 작은 마을에서 태어났으며 자는 낙천(樂天)이고 호는 향산거사(香山居士)이다. 그는 비교적 순탄한 관리 생활을 하고 형부상서(刑部尙書)로 은퇴하였다. 작품으로는 《장한가(長恨歌)》·비파행(琵琶行)》 등과 시문집인 《백씨문집(白氏文集)》이 있다.

漢書에 云, 黃金滿籯이 不如敎子一經이요 賜子千金이 不如敎子一藝니라
[풀이] 한서에 이르기를,「황금을 바구니에 가득히 가진 것이 자손에게 한 권의 경서를 가르치는 것만 못하고, 자손에게 천금을 주는 것이 한 가지 재주를 가르치는 것만 못하다」고 하였다.

〔참고〕《한서(漢書)》는 중국 전한(前漢)의 정사(正史)이다. 후한(後漢)의 반고(班固)가 지은 책으로 반표(班彪)가 쓰기 시작했던 것을 반고가 대성했고, 그의 누이동생 반소(班昭)가 보수하였다. 이 책에는 〈조선전(朝鮮傳)〉·〈지리지(地理志)〉 등이 실려 있어 우리나라 역사를 연구하는 데 도움이 되고 있다.

景行錄에 云, 賓客不來면 門戶俗하고 詩書無敎면 子孫愚니라

〔풀이〕 경행록에 이르기를, 「손님이 오지 않으면 집안이 낮아지고, 학문을 가르치지 않으면 자손이 어리석어진다」고 하였다.

太公이 曰, 男子失敎면 長必頑愚하고 女子失敎면 長必麤疎니라

〔풀이〕 태공이 말하기를, 「남자를 가르치지 않으면 자라서 반드시 완고하고 어리석으며, 여자를 가르치지 않으면 자라서 반드시 거칠고 솜씨가 없다」고 하였다.

太公이 曰, 養男之法은 莫聽誰言이요 育女之法은 莫敎離母니라 男年이 長大어든 莫習樂酒하고 女年이 長大어든 莫令遊走니라

〔풀이〕 태공이 말하기를, 「남자를 기르는 방법은 아무 말이나 듣지 못하게 하고, 여자를 기르는 방법은 어머니를 떠나서는 가르치지 말 것이다. 남자가 나이를 먹어 장성하거든 풍악과 술마시는 것을 배우지 못하게 하고, 여자가 나이를 먹어 장성하거든 돌아다니며 놀게 하지 말 것이다」라고 하였다.

壯子-曰, 事雖小나 不作이면 不成이요 子雖賢이나 不敎면 不明이니라

〔풀이〕 장자가 말하기를, 「일이 비록 작지만 하지 않으면 이루지 못할 것이고, 자손이 비록 현명하지만 가르치지 않으면 밝지 못하다」라고 하였다.

至樂은 莫如讀書요 至要는 莫如敎子니라

〔풀이〕 지극히 즐거운 것은 책을 읽는 것보다 못하고, 지극히 필요한 것은 자식을 가르치는 것보다 못하다.

嚴父는 出孝子하고 嚴母는 出巧女니라
〔풀이〕 엄격한 아버지는 효도하는 아들을 길러내고, 엄격한 어머니는 얌전한 딸을 길러낸다.

憐兒어든 多與棒하고 憎兒어든 多與食하라
〔풀이〕 아이를 예쁘게 여기거든 매를 많이 주고, 아이를 밉게 여기거든 밥을 많이 주라.

省心篇

景行錄에 云, 無瑕之玉은 可以爲國稅요 孝弟之子는 可以爲家寶니라
〔풀이〕 경행록에 이르기를,「흠집이 없는 구슬은 나라의 세금으로 대신할 수 있고, 부모 형제를 잘 섬기는 자식은 그 집안의 보배가 된다」고 하였다.

家和면 貧也好어니와 不義면 富如何요 但存一子孝면 何用子孫多리오
〔풀이〕 집안이 화목하면 가난해도 좋지만 의롭지 못하면 돈이 많이 있다한들 무엇할까? 오직 자식 하나만 두었어도 그 자식이 효도한다면 자손이 많아서 무엇에 쓰리오.

父不憂心은 因子孝요 夫無煩惱는 是妻賢이라 言多語失은 皆因酒요 義斷親疎는 只爲錢이니라
〔풀이〕 아버지가 근심하는 마음이 없는 것은 자식의 효도 때문이요, 남편이 욕정에 고민하지 않는 것은 아내가 바로 어질기 때문이다. 말이 많아 실수하는 것은 모두 술 때문이고, 친척이나 다른 사람 사이에 의리가 끊어지는 것은 오직 돈 때문이다.

景行錄에 云, 甚愛必甚費요 甚譽必甚毁요 甚喜必甚憂요 甚藏必甚亡이니라.

〔풀이〕 경행록에 이르기를,「심하게 사랑하면 반드시 심하게 소비하고, 심하게 칭찬하면 반드시 심하게 헐뜯을 것이요, 심하게 기쁘면 반드시 심하게 근심할 것이요, 심하게 감추면 반드시 심하게 잃어버릴 것이다」라고 하였다.

恩愛生煩惱하여 追隨大丈夫라 亭前生瑞草어늘 好事不如無니라

〔풀이〕 은혜와 사랑은 번뇌만 생겨서 대장부를 그리어 생각케 한다. 정자 앞에 상서로운 풀이 자라나거늘 일을 벌여 놓기만을 좋아함은 없는 것만 같지 않다.

子-曰, 不觀高崖면 何以知顚墜之患이며 不臨深淵이면 何以知沒溺之患이며 不觀巨海면 何以知風波之患이리오

〔풀이〕 공자께서 말하기를,「높은 낭떠러지를 보지 않으면 무엇으로 떨어지는 근심을 알 것이며, 깊은 못에 가지 않으면 무엇으로 물이 빠지는 근심을 알 것이며, 큰 바다를 보지 않으면 무엇으로 풍파의 근심을 알겠는가」라고 하였다.

景行錄에 云, 明朝之事를 薄暮에 不可必이요 薄暮之事를 哺時에 不可必이니라

〔풀이〕 경행록에 이르기를,「내일 아침에 할 일을 오늘 저녁때에는 반드시 못할 것이고, 저녁때에 할 일을 오후 네 시경에는 반드시 못할 것이다」라고 하였다.

未歸三尺土하면 難保百年身이요 已歸三尺土하면 難保百年墳이니라

〔풀이〕 아직 무덤 속에 들어가지 않으면 백년 동안 몸을 보전하기가 어려울 것이고, 이미 무덤에 들어가서는 백년 동안 무덤을 보전하기가 어려울 것이다.

老子-曰, 多財면 失其守眞하고 多學이면 惑於所聞이니라

〔풀이〕 노자가 말하기를, 「재물이 많으면 진심 지키는 것을 잃어버리고, 배움이 많으면 들은 말을 미혹하게 한다」고 하였다.

立 敎 篇

景行錄에 云, 勤者는 富之本이요 儉者는 富之源이니라

〔풀이〕 경행록에 이르기를, 「부지런한 것은 부의 근본이고, 검소한 것은 부의 근원이다」라고 하였다.

讀書는 起家之本이요 循理는 保家之本이요 勤儉은 治家之本이요 和順은 齊家之本이니라

〔풀이〕 글을 읽는 것은 집안을 일으키는 근본이 되고, 이치에 따르는 것은 또한 집안을 보호하는 근본이 되며, 부지런하고 검소한 것도 집안을 다스리는 근본이며, 화목하고 공손하며 온순한 것은 집안을 가지런히 하는 근본이 된다.

性理書에 云, 五敎之目은 父子有親하고 君臣有義하고 夫婦有別하고 長幼有序하고 朋友有信이니라

〔풀이〕 성리서에 이르기를, 「다섯 가지 가르침의 종목을 들어 보면 아버지와 자식 사이에는 친함이 있어야 하고, 임금과 신하 사이에는 의리가 있어야 하고, 남편과 아내 사이에는 분별이 있어야 하고, 어른과 어린아이 사이에는 차례가 있어야 하고, 친구 사이에는 서로의 믿음이 있어야 한다」고 하였다.

說苑에 云, 治國은 若彈琴이요 治家는 若執轡也니라

〔풀이〕 설원에 이르기를, 「나라를 다스리는 것은 거문고를 타는 것과 같고, 집안을 다스리는 것은 말과 소의 고삐를 잡고 있는 것과 같다」고 하였다.

子-曰, 立身有義而孝爲本이요 喪祀有禮而哀爲本이요 戰陣有列而勇爲本이요 治政有理而農爲本이요 居國有道而嗣爲本이요 生財有時而力爲本이니라.

[풀이] 공자께서 말하기를, 「입신 출세하는 데는 의가 있으니 효도를 근본으로 삼을 것이요, 장사와 제사를 지내는 데도 예법이 있으니 극진한 슬픔을 근본으로 삼을 것이요, 전장(戰場)에는 대열이 있으니 용맹을 근본으로 삼을 것이요, 나라를 다스리는 데는 이치가 있으니 농사를 근본으로 삼을 것이요, 나라에 살아가는 데도 도리가 있으니 집안의 대를 이음으로써 근본을 삼을 것이요, 재물을 얻는 데도 때가 있으니 노력을 근본으로 삼아야 할 것이다」라고 하였다.

孔子-三計圖에 云, 一生之計는 在於幼하고 一年之計는 在於春하고 一日之計는 在於寅이니 幼而不學이면 老無所知요 春若不耕이면 秋無所望이요 寅若不起면 日無所辦이니라

[풀이] 공자의 삼계도에 이르기를, 「일생의 계획은 어렸을 때에 있고, 한 해의 계획은 봄에 있고, 하루의 계획은 새벽에 있으니, 어릴 때에 배우지 않으면 늙어서 아는 것이 없을 것이고, 만일 봄에 밭을 갈지 않으면 가을에 바라는 것이 없을 테고, 만일 새벽에 일어나지 않으면 그 날을 판단할 바가 없을 것이다」라고 하였다.

王蠋이 曰, 忠臣은 不事二君이요 烈女는 不更二夫니라

[풀이] 왕촉이 말하기를, 「충신은 두 임금을 섬기지 않고 열녀는 두 남편을 바꾸지 않는다」라고 하였다.

女慕貞潔하고 男效才良이니라

[풀이] 여자는 절개가 굳세고 결백함을 우러르며 본받아야 하고, 남자는 재주 있고 현량함을 본받아야 한다.

治政篇

童蒙訓에 曰, 當官者는 必以暴怒爲戒하여 事有不可어든 當詳處之면 必無不中이어니와 若先暴怒면 只能自害니 豈能害人이리오

〔풀이〕 동몽훈에 말하기를, 「벼슬을 감당하는 사람은 반드시 격노함을 경계하여 일이 옳지 않거든 마땅히 자세하게 이것을 처리하면 반드시 맞지 않음이 없을 것이나, 그렇지 않고 만일 먼저 격노하면 오직 자신을 능히 해롭게 할 뿐이니 어떻게 남을 해롭게 하겠는가」라고 하였다.

〔참고〕 《동몽훈(童蒙訓)》은 중국 북송 때의 학자이자 시인인 여본중(呂本中:1077~1138)이 쓴 어린이의 교육에 필요한 책이다. 여본중의 관은 중서 사인(中書舍人)으로서 본명은 대중(大中), 자는 거인(居仁), 호는 자미(紫微)이며, 송대 강서 시파를 창시하였다.

童蒙訓에 曰, 凡異色人은 皆不宜與之相接하며 巫祝尼媼之類는 尤宜罷하니 絶要는 以淸心으로 省事爲本이니라

〔풀이〕 동몽훈에 말하기를, 「무릇 피부 빛깔이 다른 사람과는 모두 마땅히 그들과 서로 가까이하지 않으려고 하며, 무당과 할미중의 무리와는 마땅히 그만두어야 하니, 절대로 필요한 것은 깨끗한 마음을 어릴 때부터 근본으로 삼을 것이다」라고 하였다.

子—曰, 其身이 正이면 不令而行하고 其身이 不正이면 雖令不從이니라

〔풀이〕 공자께서 말하기를, 「그 몸이 바르면 명령하지 않아도 행하고, 그 몸이 바르지 않으면 비록 명령을 하나 복종하지 않는다」고 하였다.

子—曰, 言忠信하며 行篤敬이면 雖蠻貊之邦이라도 行矣어니와 言不忠信하며 行不篤敬이면 雖州里나 行乎哉아

〔풀이〕 공자께서 말하기를, 「말이 성실하고 믿음이 있으며 행동이 진지하고 조심스러우면 비록 미개

한 오랑캐들의 나라일지라도 행해지나, 말이 성실하지 못하고 믿음직하지 못하며 행동이 진지하지 못하고 조심성이 없으면 비록 고향 마을이라 하나 행해지겠는가」라고 하였다.

子貢이 曰, 位尊者는 德不可薄이요 官大者는 政不可欺니라

〔풀이〕 자공이 말하기를,「지위가 높은 사람은 덕이 얇을 수가 없고, 관직이 높은 사람은 정사에 속일 수가 없다」고 하였다.

書에 云, 木은 以繩으로 直하고 君은 以諫으로 正하느니라

〔풀이〕 서경에 이르기를,「나무는 먹줄을 맞음으로써 곧게 되고, 임금은 간언을 들음으로써 바르게 된다」고 하였다.

抱朴子에 云, 迎斧鉞而正諫하며 據鼎鑊而盡言이면 此謂忠臣也니라

〔풀이〕 포박자에 이르기를,「형벌을 당하더라도 임금의 잘못을 바르게 말하며, 큰 가마솥에 넣어 삶아 죽이는 형벌을 당하더라도 거리낌 없이 말을 다하면 이를 충신이라 한다」고 하였다.

〔참고〕《포박자(抱朴子)》는 진나라의 도가(道家)인 갈홍(葛洪:283~343?)이 동진(東晋) 초에 지은 책인데, 책 이름인 포박사는 그의 호(號)이다. 이 책은 신선(神仙)의 법을 설명하고, 도덕과 정치를 논하였으며, 317년에 완성했다.

忠臣은 不怕死하고 怕死는 不忠臣이니라

〔풀이〕 충신은 죽음을 두려워하지 않으며 죽음을 두려워하는 것은 충신이 아니다.

子─曰, 擧直錯諸枉이면 能使枉者直이니라

〔풀이〕 공자께서 말하기를,「곧은 사람을 등용해서 이를 굽은 사람들 위에 놓으면 굽은 사람을 능히 곧게 만들 수 있다」고 하였다.

安義篇

曹大家曰, 夫婦者는 以義爲親이며 以恩爲合이니 欲行楚撻인데 義欲何義며 喝罵叱喧인데 恩欲何恩이리요 恩義旣絶이면 鮮不離矣니라

〔풀이〕 조대가가 말하기를, 「부부는 의로써 친하며 은애로 합친 것이니, 회초리로 종아리를 때려 행하려고 하면 의는 무슨 의를 하고자 함이며, 큰소리로 나무라고 욕한다면 은애는 무슨 은애이겠는가. 은의가 이미 끊어지면 떠나지 않음이 거의 없을 것이다」라고 하였다.

〔참고〕 조대가(曹大家)는 조대고(曹大姑)라고도 하는데 성명은 반소(班昭:45~111)로 중국 후한(後漢) 때의 여류 문인이다. 반소는 반표(班彪)의 딸로서 자는 혜희(蕙姬)이며 화제(和帝)에게 초빙되어 황후와 귀인(貴人)의 스승이 되면서 조대가 또는 조대고로 불리게 되었다. 오빠인 반고(班固)의 뜻을 이어 《한서(漢書)》를 대성(大成)하였다. 지금 전해 오는 《한서》의 팔표(八表)와 《천문지(天文志)》는 반소의 저술이라 하며 그 밖에 《조대가집(曹大家集)》 3권이 있다.

蘇東坡云, 富不親兮貧不疎는 此是人間大丈夫요 富則進兮貧則退는 此是人間眞小輩니라

〔풀이〕 소동파가 이르기를, 「부자라고 친하게 대하지 않고 가난하다고 멀리하지 않는 것은 세상의 대장부이고, 넉넉하면 가까이하고 가난하면 멀리하는 것은 세상의 소인배이다」라고 하였다.

〔참고〕 소동파(蘇東坡)는 소식(蘇軾:1036~1101)으로 동파(東坡)는 그의 호(號)이다. 소식은 중국 북송(北宋) 때의 문인이며 자는 자첨(子瞻)이고 아버지 순(洵), 아우 철(轍)과 더불어 삼소(三蘇)라 불리는데, 소식은 당송 팔대가(唐宋八大家)의 한 사람으로 꼽힌다. 그는 왕안석(王安石)과 대립하여 좌천되었으나 뒷날 철종(哲宗)에게 중용되어 구법파(舊法派)를 대표했으며 문인으로서 송나라 시대의 제일인자였다. 특히 그의 《적벽부(赤壁賦)》는 유명하며 서화(書畵)에도 능했고, 저서에는 《동파전집(東坡全集)》이 있다.

太公이 曰, 知恩報恩이면 風光이 如雅하고 有恩不報면 非爲人也니라

〔풀이〕 태공이 말하기를, 「은혜를 알고 그 은혜를 갚으면 인품이 고상한 것 같고, 은혜를 입었으면

서도 그 은혜를 갚지 않으면 사람됨이 그르다 할 것이다」라고 하였다.

莊子云, 兄弟는 爲手足이요 夫婦는 爲衣服이니 衣服破時에는 更得新이어니와 手足斷時에는 難可續이니라

〔풀이〕 장자가 이르기를, 「형제는 손과 발이라 생각하고, 부부는 옷이라고 생각하니, 옷이 찢어졌을 때에는 다시 새것으로 바꾸어 입을 수 있으나, 손과 발이 끊어졌을 때에는 이을 수가 어렵다」고 하였다.

顔氏家訓에 曰, 夫有人民而後에 有夫婦하고 有夫婦而後에 有父子하고 有父子而後에 有兄弟하니 一家之親은 此三者而已矣요 自茲以往으로 至于九族이 皆本於三親焉이라 故로 於人倫에 爲重者也니 不可不篤이니라

〔풀이〕 안씨 가훈에 말하기를, 「백성이 있은 후에 남편과 아내가 있고, 남편과 아내가 있은 후에 아버지와 자식이 있고, 아버지와 자식이 있은 후에 형과 아우가 있는 것이니, 한 집안의 겨레붙이는 이 세 가지뿐이고, 나아가 구족에 이르기까지 모두 세 가지 겨레붙이가 근본이 된다. 그러므로 인륜에 있어서 중요하니 두텁게 안할 수가 없다」고 하였다.

治家篇

景行錄에 云, 觀朝夕之早晏하여 可以卜人家之興替니라

〔풀이〕 경행록에 이르기를, 「아침저녁의 빠르고 늦음을 보는 것으로서 집안이 흥하고 쇠퇴할 것을 점칠 수가 있다」고 하였다.

待客에는 不得不豊이요 治家에는 不得不儉이니라

〔풀이〕 손님을 대접하는 데에는 넉넉하게 하지 않을 수가 없을 것이고, 집안을 다스리는 데에는 검

소하지 않을 수가 없을 것이다.

敎婦初來하고 敎子嬰孩니라
〔풀이〕 며느리는 처음으로 시집을 왔을 때에 가르치고, 자식은 어렸을 때에 가르쳐야 한다.

子孝雙親樂이요 家和萬事成이니라
〔풀이〕 자식이 효도하면 부모는 이를 즐거워할 것이고, 집안이 화목하면 만 가지 일이 잘 이루어질 것이다.

司馬溫公이 曰, 凡議婚姻에 先富察其婿與婦之性行과 及家法如何로되 勿苟慕其富貴니라 婿賢矣면 今雖貧賤이나 安知異時에 不富貴乎리요 苟爲不肖면 今雖富盛이나 安知異時에 不貧賤乎리요 婦者는 家之所有盛衰也라 苟慕一時之富貴而娶之하면 彼一挾其富貴하여 鮮有不輕其夫而傲其舅姑하여 養成驕妬之性이니 異日에 爲患이 庸有極乎리요 借使因婦財以致富하며 依婦勢以取貴라도 苟有丈夫之志氣者면 能無愧乎아

〔풀이〕 사마 온공이 말하기를, 「무릇 혼인을 의논함에 있어서 먼저 그 사위와 며느리의 성품과 행동 및 집안의 도가 어떤가를 살필 것이로되, 다만 부귀를 부러워하지 마라. 다만 사위만 어질다면 비록 가난하고 천할지라도 어떻게 다른 때에 부귀하지 않으리라는 것을 알겠는가. 다만 같지 않다면 비록 넉넉하고 성할지라도 어떻게 다른 때에 가난하고 천하지 않으리라는 것을 알겠는가. 아내는 집안의 성하고 쇠퇴함으로 말미암는 것이다. 다만 한때의 부귀를 그리워하면서 장가를 간다면, 그는 그 부귀를 자세하여 그의 남편을 가볍게 여기지 않음이 거의 없으면서 시부모에게는 오만하여 교만과 질투의 성질을 키울 것이므로, 다른 날에 근심되는 것이 어떻게 끝이 있을 것인가. 가령 아내의 재산으로 하여 부를 이르게 하며, 아내의 권세에 의하여 귀함을 취할지라도 다만 대장부의 의지와 기개를 가지는 사람이라면 능히 부끄러움이 없겠는가」라고 하였다.

凡使奴僕에는 先念飢寒이니라

[풀이] 무릇 사내종을 부리기 위해서는 먼저 배가 고픈 것과 추운 것을 생각해야 할 것이다.

太公이 曰, 癡人은 畏婦하고 賢女는 敬夫니라

[풀이] 태공이 말하기를,「어리석은 사람은 아내를 두려워하고 어진 여자는 남편을 공경한다」고 하였다.

有錢常備無錢日이요 安樂須防官病時니라

[풀이] 돈이 있으면 언제나 돈이 없는 날을 생각하고 비축하며, 편안하고 즐거우면 모름지기 오관(五官: 귀·눈·코·혀·피부)이 병들었을 때를 생각해서 예방해야 한다.

司馬溫公이 曰, 凡爲家長에는 必謹守禮法하여 以御群子弟及家衆이니 分之以職하며 授之以事而責其成功하며 制財用之節하여 量入以爲出하며 稱家之有無하며 以給上下之衣食과 及吉凶之費하되 皆有品節而莫不均一하며 裁省冗費하며 禁止奢華하여 常須稍存贏餘하여 以備不虞니라

[풀이] 사마 온공이 말하기를,「무릇 가장이 되어서는 반드시 삼가 예법을 지켜서 여러 아들 및 집안의 무리들을 거느리니, 이들에게 나누어 주되 직업으로 하며 이들에게 주되 일로 하여 그 공적을 책하며, 재물 쓰는 것을 아껴 들어오는 것을 헤아림으로써 지출을 삼으며, 집에 있고 없음을 헤아림으로써 위아래의 의식과 길흉에 대한 비용을 지급하되 모두 등급을 두어서 하나같이 고르지 않음이 없으며, 쓸데없는 비용을 헤아려서 절약하며, 사치와 화려함을 금하여 항상 조금이라도 간직해 두어서 뜻밖의 재난에 대비할 것이다」라고 하였다.

男大不婚이면 如劣馬無韁이요 女大不嫁면 如私鹽犯首니라

[풀이] 남자가 커서도 장가를 들지 못하면 우둔한 말에 고삐가 없는 것 같고, 여자가 커서도 시집을

가지 못하면 소금을 몰래 만들고 범죄를 자백하는 것 같으니라.

遵禮篇

子-曰, 恭而無禮則勞하고 愼而無禮則葸하고 勇而無禮則亂하고 直而無禮則絞니라

〔풀이〕 공자께서 말하기를,「공손하면서 예의가 없으면 힘을 들이게 되고, 신중하면서 예의가 없으면 겁을 내게 되고, 용감하면서 예의가 없으면 난폭하게 되고, 정직하면서 예의가 없으면 박절하게 된다」고 하였다.

孟子-曰, 君子-所以異於人者는 以其存心也니 君子는 以仁存心하고 以禮存心이니라
仁者는 愛人하고 有禮者는 敬人하나니 愛人者는 人恒愛之하고 敬人者는 人恒敬之니라

〔풀이〕 맹자께서 말하기를,「군자가 일반 백성과 다른 이유는 그가 마음을 지니고 있기 때문이다. 군자는 인으로써 마음에 지니고 예로써 마음에 지닌다. 인자한 사람은 남을 사랑하고, 예가 있는 사람은 남을 공경하니, 남을 사랑하는 사람은 또한 남이 그를 항상 사랑하고, 남을 공경하는 사람은 또한 남이 항상 그를 공경한다」고 하였다.

有子-曰, 禮之用이 和爲貴하니라

〔풀이〕 유자가 말하기를,「예의 운용이 조화를 귀중하게 여긴다」고 하였다.

禮記에 曰, 男女는 不雜坐하고 不親授하며 嫂叔은 不通問하며 父子는 不同席이니라

〔풀이〕 예기에 말하기를,「남자와 여자는 섞여 앉지 말 것이며, 몸소 주지 말 것이며, 형수와 시동생 사이에는 서로 방문하여 찾아보지 말 것이며, 아버지와 아들은 한 자리에 같이 앉지 말 것이다」라고 하였다.

孟子―云, 徐行後長者를 謂之悌요 疾行先長者를 謂之不悌니라
〔풀이〕 맹자에 이르기를,「천천히 걸어서 나이 많은 사람의 뒤를 따라가는 것을 제(悌) 즉 공손함이라고 하며, 빠르게 걸어서 나이 많은 사람보다 앞서 가는 것을 부제(不悌) 즉 공손하지 못하다」라고 하였다.

子―曰, 君子―有勇而無禮면 爲亂하고 小人이 有勇而無禮면 爲盜니라
〔풀이〕 공자께서 말하기를,「군자가 용기는 있으나 예의가 없으면 반란을 일으키고, 소인이 용기는 있으나 예의가 없으면 도둑질을 한다」고 하였다.

子―曰, 居家有禮故로 長幼辨하고 閨門有禮故로 三族和하고 朝廷有禮故로 官爵序하고 田獵有禮故로 戎事閑하고 軍旅有禮故로 武功成이니라
〔풀이〕 공자께서 말하기를,「집 안에 거처하면서 예의가 있으므로 어른과 어린아이의 분별이 있고, 집 안에 예의가 있으므로 삼족(부부·부자·형제)이 화목하고, 조정에 예의가 있으므로 관직과 작위에 차례가 있고, 사냥에 예의가 있으므로 전쟁에 관한 일을 익힐 수가 있고, 군대에 예의가 있으므로 전쟁에서 공을 세울 수가 있다」고 하였다.

有子―曰, 恭近於禮면 遠恥辱也니라
〔풀이〕 유자가 말하기를,「공손한 것이 예의에 가까우면 치욕을 멀리할 수가 있다」고 하였다.

曾子―曰, 朝廷에는 莫如爵이요 鄕黨에는 莫如齒요 輔世長民에는 莫如德이니라
〔풀이〕 증자가 말하기를,「조정에는 작위만한 것이 없고, 향리에서는 나이 많은 것이 제일이고, 세상을 돕고 백성을 올바르게 이끄는 데는 덕만한 것이 없다」고 하였다.

言語篇

四皓-謂子房曰, 向獸彈琴은 徒盡其音聲也인저 以言傷人은 痛如刀戟이니라

〔풀이〕 사호의 네 노인이 장자방을 비평하여 말하기를,「짐승을 향해 거문고를 타는 것은 그의 음성을 부질없이 다하는 것이다. 말로 사람을 다치게 하는 것은 칼로 찌르는 것처럼 아프다」라고 하였다.

〔참고〕 사호(四皓)란 상산 사호(商山四皓)를 말하는 것으로서 호(皓)는 희다는 뜻이며, 중국 진시황(秦始皇) 즉 진나라의 초대 황제인 시황제(始皇帝:259~210 B.C.) 때 세상의 혼란을 피해 상산(商山:중국 섬서성 상현 동쪽에 있는 산)에 들어가 숨은 네 명의 은사(隱士)를 말한다. 이들은 곧 동원공(東園公)·기리계(綺里季)·하황공(夏黃公)·녹리(甪里)의 네 사람을 말하는데 모두 수염과 눈썹이 세었기 때문에 이렇게 불린다.

離騷經에 云, 甛言은 如蜜하고 苦言은 如刀하여 人不以多言으로 爲益하고 犬不以善吠로 爲良이니라

〔풀이〕 이소경에 이르기를,「달콤한 말은 꿀과 같고, 쓰디 쓴 말은 칼과 같으며, 사람은 말을 많이 하는 것으로 도움을 삼지 않고, 개는 짖기를 잘 하므로 좋다고 하지 않는다」고 하였다.

〔참고〕 이소경(離騷經)이란 본디 이소(離騷)를 말하는데, 이(離)는 만남·걸림의 뜻이고 소(騷)는 시름의 뜻으로서 초(楚)나라의 우국지사이자 시인(詩人)인 굴원(屈原:343?~277? B.C.)이 지은 사부(辭賦)이다. 굴원이 참소로 인하여 초나라의 조정에서 쫓겨나 실의(失意)에 찬 나머지 멱라수(汨羅水)에 빠져 죽을 결심을 하기까지의 무한한 시름을 적은 장시(長詩)이다. 이소는 한(漢)나라의 유향(劉向)이 엮은《초사(楚辭)》중에서 제1로 뽑는다.

利人之言은 煖如綿絮하고 傷人之語는 利如荊棘하니 一言利人에 重直千金이요 一語傷人에 痛如刀割이니라

〔풀이〕 사람을 이롭게 하는 말은 따뜻함이 솜과 같고, 사람을 해롭게 하는 말은 날카로움이 가시나무 같으니, 한 마디 말이 사람을 이롭게 할 때에는 무겁기가 천금의 가치와 같을 것이고, 한

마디 말이 사람을 해롭게 할 때에는 칼로 베는 것같이 아플 것이다.

刀瘡은 易可어니와 惡語는 難消니라
[풀이] 칼로 베인 상처는 쉽게 낫지만 악한 말은 쉽게 없어지지 않는다.

筍子에 云, 與善人言은 煖於布帛이요 傷人之言은 深於矛戟이니라
[풀이] 순자에 이르기를, 「사람의 말이 선에 관해서는 면직물보다 따뜻하고, 사람을 상하게 하는 말은 창으로 찌른 것보다도 깊다」고 하였다.

君平이 曰, 口舌者는 禍患之門이요 滅身之斧也니라
[풀이] 군평이 말하기를, 「입과 혀는 화와 근심을 불러들이는 문이 되고, 몸을 망치는 도끼와 같은 것이니라」고 하였다.

口是傷人斧요 言是割舌刀니 閉口深藏舌하면 安身處處牢니라
[풀이] 입은 바로 사람을 다치게 하는 도끼가 되고, 말은 바로 혀를 베는 길이 되니, 입을 다물고 혀를 깊숙이 감추면, 몸이 편하고 어느 곳에서나 편안하고 조용할 것이니라.

子貢이 曰, 君子―一言에 以爲知하며 一言에 以爲不知니 言不可不愼也니라
[풀이] 자공이 말하기를, 「군자는 한 마디의 말로서 지혜로워지며, 한 마디 말로서 지혜롭지 못하게 되는 것이므로 말을 조심하지 않을 수가 없는 것이다」라고 하였다.

藏經에 云, 人於倉卒에 顚沛之濟에는 善用一言이니 上資祖考하여 下蔭兒孫이니라
[풀이] 장경에 이르기를, 「사람이 갑작스레 꺾이는 것을 돕는 데에는 한 마디 말을 알맞게 잘 쓰는 것이므로, 위로는 돌아가신 할아버지를 헤아리고 아래로는 자손을 감싸서 보호할 것이다」라고 하였다.

〔참고〕 장경이란 대장경(大藏經)을 말하는 것으로, 일체의 불경 총집(佛經叢集)이다. 대장경은 곧 대승(大乘) 및 소승(小乘)의 삼장(三藏)으로 석가의 설교를 기록한 경장(經藏), 모든 계율을 모은 율장(律藏), 불제자들의 논설을 모은 논장(論藏)과 그 밖의 인도와 중국 등 고승의 저서를 모은 것이다. 우리나라에는 경상남도의 합천(陜川)에 있는 해인사(海印寺)에 장판(藏版)이 간직되어 있다.

봉인차설삼분화   미가전포일편심   불파호생삼개구   지공인정양양심
逢人且說三分話하되 未可全抛一片心이라 不怕虎生三箇口하고 只恐人情兩樣心이니라

〔풀이〕 사람을 만나서 잠깐 말할 때에는 십분의 삼만 하되, 자기가 지니고 있는 아직 온전한 한 조각의 마음을 버리지 말 것이다. 살아 있는 호랑이의 세 개의 입을 두려워하지 말고, 오직 세상 사람이 마음에 지닌 두 가지의 마음을 두려워해야 한다.

논어   운 일언이가이흥방   일언이가이상방
論語에 云, 一言而可以興邦하고 一言而可以喪邦이니라

〔풀이〕 논어에 이르기를, 「한 마디 말로 나라를 흥하게 할 수가 있고, 한 마디 말로 나라를 멸망시킬 수가 있다」고 하였다.

유회왈 언부중리   불여불언
劉會-曰, 言不中理면 不如不言이니라

〔풀이〕 유회가 말하기를, 「이치에 맞지 않는 말이라면 하지 않음만 같지 못하다」고 하였다.

交友篇

자 왈 안평중   선여인교   구이경지
子-曰, 晏平仲은 善與人交로다. 久而敬之오녀

〔풀이〕 공자께서 말하기를, 「안평중은 여러 사람과 잘 사귀었으므로 그를 오래도록 공경하였었다」고 하였다.

자 왈 여호인교자   여난혜지향   일가일종지 양가개향   여악인교자
子-曰, 與好人交者는 如蘭惠之香하여 一家一種之면 兩家-皆香이요 與惡人交者는

如抱子上墻하여 一人이 失脚이면 兩人이 遭殃이니라

〔풀이〕 공자께서 말하기를, 「좋은 사람과 사귀는 사람은 난초의 향기와 같아서 한 집에서 이것을 심으면 양쪽 집이 모두 향기로우나, 나쁜 사람과 사귀는 사람은 아들을 안고 담장을 오르는 것과 같아서 한 사람이 발을 헛디디면 두 사람이 모두 재앙을 만나게 된다」고 하였다.

莊子에 云, 君子之交는 淡若水하고 小人之交는 甘若醴니라

〔풀이〕 장자에 이르기를, 「군자의 사귐은 담백하기가 물과 같고, 소인의 사귐은 단술맛과 같이 달다」고 하였다.

不結子花는 休要種하고 無義之朋은 不可交니라

〔풀이〕 꽃이 씨앗을 맺지 않으면 땅에 심지를 말고, 의리가 없는 친구는 사귀지 말 것이다.

嵇康이 曰, 凶險之人은 敬而遠之하고 賢德之人은 親而近之니라

〔풀이〕 혜강이 말하기를, 「흉악하고 험악한 사람은 공경하면서 멀리하고, 현명하고 덕이 있는 사람은 친애하면서 가까이할 것이다」라고 하였다.

通俗篇에 云, 路遙知馬力이요 日久見人心이니라

〔풀이〕 통속편(책이름)에 이르기를, 「길이 멀면 말의 힘을 알 수 있을 것이고, 날이 오래 가면 사람의 마음을 알 수 있을 것이다」라고 하였다.

太公이 曰, 近朱者는 赤하고 近墨者는 黑하며, 近賢者는 明하고 近才者는 智하며 近癡者는 愚하고 近良者는 德하며 近智者는 賢하고 近愚者는 暗하며 近佞者는 諂하고 近偸者는 賊하느니라

〔풀이〕 태공이 말하기를,「주사(朱砂)를 가까이하는 사람은 몸이 붉어지고, 먹을 가까이하는 사람은 몸이 검어지고, 현명함을 가까이하는 사람은 머리가 밝아지고, 재능을 가까이하는 사람은 슬기로워지며, 바보를 가까이하는 사람은 어리석어지고, 어질고 착함을 가까이하는 사람은 덕스러워지며, 지혜를 가까이하는 사람은 어질고 사리에 밝으며, 우매를 가까이하는 사람은 어리석고 사리에 어두워지며, 영변(佞辯)을 가까이하는 사람은 아첨하며, 탐욕을 가까이하는 사람은 도둑질을 하게 된다」고 하였다.

家語에 云, 與好學人同行에 如霧露中行하여 雖不濕衣라도 時時有潤하고 與無識人同行에 如厠中坐하여 雖不汚衣라도 時時聞臭하고 與不善人同行에 如刀劍中하여 雖不傷人이라도 時時警恐이니라

〔풀이〕 공자 가어에 이르기를,「학문을 좋아하는 사람과 함께 가는데 안개 속을 가는 것과 같아서 비록 옷은 젖지 않을지라도 때때로 습기가 있고, 모르는 사람과 함께 가는데 변소 안에 앉아 있는 것과 같아서 옷은 더럽혀지지 않을지라도 때때로 썩은 냄새가 나고, 착하지 못한 사람과 같이 가는데 칼 가운데 있는 것과 같아서 비록 사람은 다치지 않을지라도 때때로 두려워서 경계할 것이니라」고 하였다.

〔참고〕 가어란 《공자가어(孔子家語)》를 말하는 것으로서 이 책에는 공자의 언행과 문인(門人)과의 문답 및 논의(論議)가 실려 있다. 처음에는 모두 27권이었으나 그 후에 흩어져 없어져서 위(魏)나라 왕숙(王肅)이 주(註)를 붙여 10권 44편으로 만들었다. 왕숙의 위작(僞作)이라고 전하기도 한다.

相識은 滿天下하되 知心은 能幾人고

〔풀이〕 얼굴을 서로 아는 사람은 온 세상에 가득하되, 마음을 아는 사람은 능히 몇 사람이나 될까?

婦行篇

賢婦는 令夫貴하고 佞婦는 令夫賤이니라

〔풀이〕 어진 부인은 남편을 귀하게 만들고, 영악한 부인은 남편을 천하게 만든다.

賢婦는 和六親하고 佞婦는 破六親한다

〔풀이〕 어진 부인은 육친(六親:아버지·어머니·형·아우·아내·자식)을 화목하게 하고, 영악한 부인은 육친의 사이를 깨뜨린다.

太公이 曰, 婦人之禮는 語必細니라

〔풀이〕 태공이 말하기를, 「부인의 예절을 반드시 가늘어야 한다」고 하였다.

益智書에 云, 女有四德之譽하니 一曰, 婦德이요 二曰, 婦言이요 三曰, 婦容이요 四曰, 婦工也니라 婦德者는 不必才名이 絶異요 婦言者는 不必辯口-利詞요 婦容者는 不必顔色이 美麗요 婦工者는 不必伎巧-過人也니라 其婦德者는 淸貞廉節하되 守分整齊하고 行止有恥하여 動靜有法이니 此爲婦德也요 婦言者는 擇詞而說하되 不說非語하고 時然後言하여 不厭於人이니 此爲婦言也요 婦容者는 洗浣塵垢하되 衣服鮮潔하고 沐浴及時하여 一身無穢니 此爲婦容也요 婦工者는 專勤紡績하되 勿好暈酒하고 供具甘旨하여 以奉賓客이니 此爲婦工也니라 此四德者는 是婦人之大德이니 而不可缺之者也라 爲之甚易하고 務之在正하니 依此而行하면 是爲婦節이니라

〔풀이〕 익자서에 이르기를, 「여자에게는 아름다운 덕이 네 가지가 있으니, 첫째는 부인다운 덕이고, 둘째는 부인다운 말투이고, 셋째는 부인다운 몸차림과 몸가짐이고, 넷째는 부인다운 길쌈이

다. 부덕이란, 재주가 있다는 평판이 자자한 것을 필요로 하지 않고, 부언이란, 구변이 좋아 말을 잘 하는 것을 필요로 하지 않고, 부용이란, 얼굴빛이 아름답고 고운 것을 필요로 하지 않고, 부공이란, 손재주가 교묘하게 뛰어난 것을 필요로 하지 않는다. 또한 부덕은 정조를 깨끗이 하고 절개를 청렴 결백하게 하되 분수를 지키고 단정한 몸가짐과 행동 거지에 부끄러움을 알아 움직이고 멈추는 것을 법도 있게 할 것이니 이것이 부덕이라는 것이고, 부언은 말을 가려서 하되 옳지 못한 말은 하지 않고 때가 된 후에야 말해서 남이 싫어하지 않도록 하는 것이니 이를 부언이라 하고, 부용은 먼지를 떨고 때를 없애되 옷을 곱고 산뜻하게 입고 때때로 몸을 씻어 자기 몸에 더러움을 없이 하는 것이니 이를 부용이라 하고, 부공은 오직 길쌈을 부지런히 하되 술에 취하는 것을 좋아하지 말고 맛있는 음식을 마련하여 바쳐서 손님을 위할 것이니 이를 부공이라 한다. 이 네 가지 덕은 바로 부인의 큰 덕이니, 이것은 없을 수 없는 것이며, 이것을 행하기는 아주 쉽고 힘써 바르게 하는 데에 있으니, 이것에 의하여 행하면 바로 부인의 예의 범절이 되는 것이다」라고 하였다.

家有賢妻면 夫不遭橫禍니라

〔풀이〕 집 안에 어진 아내가 있으면 남편이 뜻밖의 화를 당하지 않는다.

廉義篇

印觀이 賣綿於市할새 有署調者以穀買之而還이러니 有鳶이 攫其綿하여 墮印觀家어늘 印觀이 取歸市署調曰, 鳶墮汝綿於吾家라 故로 還汝하노라 署調曰, 鳶이 攫綿與汝는 天也라 吾何爲受리요 印觀曰, 然則還汝穀하리라 署調曰, 吾與汝者-市二日이니 穀已屬汝矣라 하고 二人이 相讓이다가 幷棄於市而歸하니 掌市官이 以聞王하여 並賜爵하니라

〔풀이〕 인관이 시장에서 솜을 팔고 있는데 서조라는 사람이 와서 곡식을 주고 솜을 사 가지고 가는 도중에 솔개가 그 솜을 채 가지고 인관의 집에다 떨어뜨렸다. 그러자 인관이 그 솜을 가지고 시장에 돌아와 서조에게 말하기를,「솔개가 네 솜을 내 집에 떨어뜨렸으므로 네게 도로 보낸다」고 하였다. 그러자 서조가 말하기를,「솔개가 내 솜을 빼앗아 네게 준 것은 하늘이 한 것

이다. 내가 어찌 받을 수가 있는가」 하니 인관이,「그렇다면 네 곡식을 돌려보내겠다」고 말하였다. 이에 서조가 말하기를,「내가 네게 준 지가 두 장이 되었으니 곡식은 이미 네 것이다」하고 두 사람이 서로 사양하다가 솜과 곡식을 그대로 시장에 버려 두고 돌아가니, 시장을 맡아서 관리하는 사람이 임금에게 아뢰자 임금이 인관과 서조에게 각각 벼슬을 내렸다.

高句麗平原王之女-幼時에 好啼러니 王이 戱曰, 以汝로 將歸于愚溫達하리라 及長에 欲下嫁于上部高氏한데 女-以王不可食言으로 固辭하고 終爲溫達之妻하니라 蓋溫達이 家貧하여 行乞養母러니 時人이 目爲愚溫達也러라 一日은 溫達이 自山中으로 負楡皮而來하니 王女-訪見曰, 吾乃子之匹也라 하고 乃賣首飾而買田宅器物하여 頗富하고 多養馬以資溫達하여 終爲顯榮하니라

〔풀이〕 고구려 평원왕의 딸이 어렸을 때에 울기를 잘 하더니 왕이 이에 희롱하여 말하기를,「너를 장차 바보 온달에게 시집을 보내겠다」고 하였다. 딸이 자랐으므로 왕이 상부 고씨에게 시집 보내려고 했는데, 딸이 왕은 거짓말을 할 수가 없다면서 끝내 사양하고 마침내 온달의 아내가 되었다. 집이 가난하였기 때문에 온달이 구걸하여 어머니를 봉양하였으므로 그 때 사람들이 보고 바보 온달이라고 하였다. 하루는 온달이 산중에서 느릅나무 껍질을 지고 돌아오니 왕녀가 찾아와 보고 말하기를,「나는 곧 그대의 아내라오」하고, 자기의 목걸이를 팔아서 논밭과 집과 세간을 사서 매우 넉넉하게 되고, 말을 많이 길러 온달을 도와서 마침내 온달이 벼슬을 살고 영화를 누리게 되었다.

〔참고〕 온달(溫達:?~590)은 고구려 제25대 평원왕(平原王:?~590, 재위 559~590) 때의 장수로 얼굴이 못생기고 집안 살림이 몹시 가난하여 '바보 온달'이라는 말을 듣고 있었다. 그러던 중 평강 공주(平岡公主)와 혼인하여 무예를 닦아 해마다 3월 3일에 낙랑(樂浪)에서 열리는 사냥 대회에서 두각을 나타내고, 후주(後周)의 무제(武帝)가 요동(遼東)을 침입하자 고구려군의 선봉에 서서 공을 세워 대형(大兄)이 되었다. 그 후 고구려 26대 영양왕(嬰陽王:재위 590~618) 1년에 신라(新羅)에게 빼앗겼던 한북(漢北)의 옛 땅을 되찾으려고 출정했다가 아차성(阿且城) 싸움에서 전사하였다.

한자 부수의 명칭

〈1획〉

一	한일
丨	뚫을곤
丶	점
丿	삐침
乙	새을변
亅	갈고리궐변

〈2획〉

二	두이변
亠	돼지해밑
人亻	사람인변
儿	어진사람인받침
入	들입
八	여덟팔
冂	멀경몸
冖	민갓머리
冫	이수변
几	안석궤
凵	위터진입구
刀刂	칼도방
力	힘력변
勹	쌀포몸
匕	비수비변
匚	터진입구몸
匸	터진에운담
十	열십
卜	점복
卩巳	병부절변

厂	민엄호밑
厶	마늘모
又	또우

〈3획〉

口	입구변
囗	큰입구몸·에운담몸
土	흙토변
士	선비사변
夂	뒤져올치방
夊	천천히걸을쇠받침
夕	저녁석변
大	큰대
女	계집녀변
子	아들자변
宀	갓머리
寸	마디촌
小	작을소
尢尣兀	절름발이왕방
尸	주검시밑
屮	풀철
山	메산변
巛	개미허리
工	장인공
己	몸기
巾	수건건변
干	방패간변
幺	작을요변
广	엄호밑
廴	민책받침

廾	밑스물입
弋	주살익
弓	활궁변
彐彑ヨ	터진가로왈
彡	터럭삼·삐친석삼
彳	두인변
忄心	심방변
扌手	재방변
氵水	삼수변
犭犬	개사슴록변
阝邑	우부방
阝阜	좌부방

〈4획〉

心忄	마음심
戈	창과
戶	지게호
手扌	손수
支	지탱할지
攴攵	등글월문방
文	글월문방
斗	말두
方	모방변
斤	날근변
无	이미기방
日	날일변
曰	가로왈
月	달월변
木	나무목변
欠	하품흠방

止	그칠지변		疋	필필변		至	이를지
歹歺	죽을사변		疒	병질밑		臼	절구구
殳	갓은등글월문		癶	필발밑		舌	혀설변
毋	말무		白	흰백변		舛	어길천밑
比	견줄비		皮	가죽피변		舟	배주변
毛	터럭모		皿	그릇명받침		艮	그칠간
氏	각시씨		目罒	눈목변		色	빛색몸
气	기운기밑		矛	창모변		艸艹	초두밑
水	물수		矢	살시변		虍	범호밑
氺	아래물수		石	돌석변		虫	벌레충변
火灬	불화변		示礻	보일시변		血	피혈변
爪爫	손톱조밑		禸	짐승발자국유		行	다닐행안
父	아비부밑		禾	벼화변		衣衤	옷의변
爻	점괘효		穴	구멍혈밑		襾	덮을아밑
爿	장수장변		立	설립변			
片	조각편변		罒网	넉사밑		⟨7획⟩	
牙	어금니아변		衤衣	옷의변			
牛牜	소우변					見	볼견변
犬犭	개견		⟨6획⟩			角	뿔각변
王玉	임금왕변·구슬옥변					言	말씀언변
耂老	늙을로엄		竹	대죽변		谷	골곡변
月肉	육달월변		米	쌀미변		豆	콩두변
艹艸	초두밑		糸	실사변		豕	돼지시변
辶辵	책받침·갓은책받침		缶	장군부변		豸	갓은돼지시변
			网罓罒㓁	그물망		貝	조개패변
⟨5획⟩			羊	양양변		赤	붉을적변
			羽	깃우변		走	달아날주변
玄	검을현		老耂	늙을로엄		足	발족변
玉王	구슬옥변		而	말이을이변		身	몸신변
瓜	오이과		耒	쟁기뢰변		車	수레거변
瓦	기와와		耳	귀이변		辛	매울신
甘	달감		聿	오직율		辰	별진
生	날생		肉月	고기육		辵辶	갓은책받침·책받침
用	쓸용		臣	신하신		邑阝	고을읍
田	밭전		自	스스로자		酉	닭유변

| 釆 | 분별할채변 |
| 里 | 마을리변 |

〈8획〉

金	쇠금변
長镸	긴장변
門	문문
阜阝	언덕부
隶	미칠이변
隹	새추
雨	비우
靑	푸를청
非	아닐비

〈9획〉

面	낯면변
革	가죽혁변
韋	가죽위변
韭	부추구
音	소리음
頁	머리혈
風	바람풍변
飛	날비몸
食	밥식변
首	머리수
香	향기향

〈10획〉

馬	말마변
骨	뼈골변
高	높을고
髟	터럭발밑
鬥	싸울투
鬯	술창
鬲	솥력
鬼	귀신귀변

〈11획〉

魚	고기어변
鳥	새조변
鹵	소금밭로변
鹿	사슴록
麥	보리맥변
麻	삼마

〈12획〉

黃	누를황
黍	기장서변
黑	검을흑변
黹	바느질할치변

〈13획〉

黽	맹꽁이맹
鼎	솥정
鼓	북고
鼠	쥐서변

〈14획〉

| 鼻 | 코비 |
| 齊 | 가지런할제 |

〈15획〉

| 齒 | 이치 |

〈16획〉

| 龍 | 용룡 |
| 龜 | 거북귀 |

〈17획〉

| 龠 | 피리약변 |

두 가지 이상의 음을 가진 한자

ㄱ

假 : 거짓, 빌릴, 잠시, 임시,
　　너그러울, 가령　　　　　　가
　　멀　　　　　　　　　　　　하

可 : 옳을, 허락할, 가히　　　　가
　　오랑캐이름　　　　　　　　극

覺 : 깨달을, 나타날　　　　　　각
　　깰　　　　　　　　　　　　교

揀 : 가릴　　　　　　　　　　　간
　　가릴　　　　　　　　　　　련

幹 : 주장할　　　　　　　　　　간
　　돌　　　　　　　　　　　　알

覵 : 엿볼　　　　　　　　　간·한

輵 : 수레소리　　　　　　　　　갈
　　구를　　　　　　　　　　　알

瞰 : 바라볼, 내려다볼　　　　　감
　　으르렁거릴　　　　　　　　함

夽 : 사람이름　　　　　　　　　감
　　좁은길, 덮을　　　　　　　엄

講 : 풀이할, 익힐　　　　　　　강
　　화해할　　　　　　　　　　구

釭 : 등잔, 바퀴통소리　　　　　강
　　화살촉　　　　　　　　　　공

顜 : 밝을　　　　　　　　　강·각

愾 : 성낼　　　　　　　　　　　개
　　한숨　　　　　　　　　　　희

蓋 : 덮을, 대개, 어찌, 일산　　개
　　어찌 아니할　　　　　　　　합

居 : 있을, 쌓을, 살　　　　　　거
　　어조사　　　　　　　　　　기

醵 : 추렴내어마실　　　　　거·갹

乞 : 빌, 청할, 구할, 청컨대, 거지　걸
　　줄　　　　　　　　　　　　기

鈐 : 비녀장, 자물쇠, 찍을　　　검
　　창자루　　　　　　　　　　근

黔 : 검을　　　　　　　　　　　검
　　귀신이름　　　　　　　　　금

偈 : 쉴, 중의글귀　　　　　　　게
　　힘쓸, 헌걸찰　　　　　　　걸

恪 : 삼감　　　　　　　　　　　격
　　삼갈　　　　　　　　　　　각

見 : 볼, 보일, 견해　　　　　　견
　　뵐, 나타날　　　　　　　　현

秸 : 볏짚　　　　　　　　　　　결
　　벼　　　　　　　　　　　　계

趹 : 빠를　　　　　　　　　　　결
　　밟을　　　　　　　　　　　계

駃 : 준마　　　　　　　　　　　결
　　빠를　　　　　　　　　　　쾌

鉗 : 칼　　　　　　　　　　　　겸
　　날카로울　　　　　　　　　섬

慊 : 찐덥지않을　　　　　　　　겸
　　족할　　　　　　　　　　　협
　　혐의　　　　　　　　　　　혐

歉 : 흉년들, 뜻에차지않을　　　겸
　　탐할　　　　　　　　　　　감

袷 : 겹옷　　　　　　　　　　　겹
　　옷깃　　　　　　　　　　　겁

頃 : 잠시, 요즈음, 백이랑, 기울　경
　　반걸음　　　　　　　　　　규

冂 : 먼데, 경계, 빌　　　　　　경

	덮을	멱
更	: 그칠, 시각, 바꿀	경
	다시	갱
綮	: 힘줄붙은곳	경
	창집	계
契	: 계약할, 쪽맞출, 문서	계
	나라이름	글
	사람이름	설
	애쓸	결
告	: 여쭐, 알릴, 고소할	고
	뵙고청할	곡
杲	: 밝을, 높을	고·호
袴	: 바지	고
	걸터앉을	과
賈	: 살, 장사	고
	값	가
袴	: 바지	고
	사타구니	과
觳	: 뿔잔, 말, 곱송그릴	곡
	견줄	각
控	: 당길, 고할	공
	칠	강
贛	: 줄	공
	강이름	감
跨	: 넘을	과
	걸터앉을	고
廓	: 둘레, 외성	곽
	클, 넓을, 휑할, 빌	확
窾	: 빌, 마을	관
	빌	과
讕	: 헐뜯을	관
	터무니없는말	란
串	: 버릇, 수표	관
	꿰미	천
	땅이름	곶

佸	: 힘뻗을	괄
	이를	활
迋	: 속일	광
	갈, 두려울	왕
洸	: 굳셀, 성낼	광
	깊을, 황홀할	황
絓	: 걸릴	괘
	풀솜실	과
蹻	: 들, 날랠	교
	짚신, 교만할	갹
較	: 비교할, 대강	교
	밝을	각
榷	: 외나무다리	교
	도거리할	각
橋	: 다리, 업신여길, 어그러질	교
	셀	고
絞	: 목맬, 묶을	교
	초록빛	효
九	: 아홉, 많을	구
	모을	규
區	: 구역, 나눌, 조그마할, 행정구획	구
	숨길, 용량의단위	우
鷗	: 제비	구·규
頄	: 거리, 광대뼈, 귀신이름	구·규
頯	: 광대뼈	구·규
寠	: 가난할	구
	좁은땅	루
芁	: 변방	구
	풀이름	교
鉥	: 팔	굴
	무딜, 창칼	돌
蹶	: 넘어질, 뛸	궐
	움직일	궤
鱖	: 쏘가리	궐·궤
龜	: 거북	귀

	터질	구
	나라이름	균
摎 :	졸라맬, 구할, 묶을	규
	흔들	뇨
潙 :	물이름	규·위
糾 :	규명할, 꼴, 모을, 얽힐, 감길	규
	삿갓 가뜬할	교
鮭 :	복어	규
	어채	해
勻 :	고를	균
	가지런할	윤
麇 :	노루	균
	무리, 묶을	군
亟 :	빠를, 급할	극
	자주	기
剋 :	이길, 정할, 급할, 엄할	극
	새길	각
肵 :	공경할	근
	시동이먹는도마	기
釿 :	자귀	근
	대패, 밀	은
訖 :	마칠	글
	이를	흘
肣 :	거둘	금
	혀, 쇠고기포	함
金 :	쇠, 금, 금나라	금
	성(姓)	김
矜 :	자랑할, 불쌍할	긍
	창자루	근
跂 :	육발, 발돋움할	기
	힘쓸	지
踦 :	절름발이	기
	의지할	의
頎 :	헌걸찰	기
	가엾을	간

錡 :	가마솥	기
	쇠뇌틀, 끝	의
圻 :	서울지경	기
	지경	은
祇 :	땅귀신, 편안할, 클	기
	다만	지
靳 :	재갈, 바랄	기
	왜당귀	근
豈 :	어찌	기
	개가	개

ㄴ

懦 :	나약할	나
	겁쟁이	유
那 :	어찌, 많을, 편안할	나
	어조사	내
暖 :	따뜻할	난
	부드러울	훤
難 :	어려울, 근심, 나무랄	난
	우거질	나
奈 :	어찌	내·나
柰 :	능금나무	내
	어찌	나·내
挼 :	비빌	뇌
	재미	휴
捼 :	비빌	뇌
	꺾을	나
撓 :	굽힐, 휠, 꺾일, 어지러울, 어지럽힐	뇨
	돌	효
橈 :	노	뇨
	휠, 꺾일, 약할	요
淖 :	진흙, 진창, 젖을	뇨
	얌전할	작

吶	: 말더듬을 떠들	눌 납
杻	: 감탕나무 수갑	뉴 축
忸	: 부끄러워할 익을	뉵 뉴
能	: 능할, 재능 별이름	능 태
溺	: 빠질 오줌, 오줌눌	닉 뇨
昵	: 친할 아비사당	닐 녜

ㄷ

癉	: 고달플 병들, 황달	다 단
剬	: 끊을 오로지	단 전
耑	: 끝 오로지	단 전
闤	: 뜰, 문, 빠를 문빗장	단 건
錟	: 긴장 날카로울 서슬	담 섬 염
澹	: 싱거울, 담박할 넉넉할, 채울	담 섬
潭	: 깊을, 못 물가	담 심
藫	: 지모, 쐐기풀	담·심
鐺	: 종고소리, 쇠사슬 솥	당 쟁
倘	: 혹시, 아마 어정거릴	당 상

隊	: 대 떨어질 길	대 추 수
貸	: 빌릴, 용서할 틀릴	대 특
大	: 클, 큼, 높이는말, 성(姓), 대강, 큰 것, 대체 매우클	대 태
陶	: 질그릇, 만들, 기뻐할, 근심할 사람이름	도 요
闍	: 망대 범어	도 사
纛	: 기	도·독
擣	: 칠, 찧을 뺄	도 주
挑	: 돋울, 뛸 돋울	도 조
度	: 법도, 국량, 자, 정도, 단위 헤아릴	도 탁
讀	: 읽을 구두(句讀)	독 두
罿	: 그물	동·충
洞	: 골, 구렁, 깊을, 마을 꿰뚫을	동 통
吋	: 꾸짖을 인치	두 촌
屯	: 언덕, 모일, 진칠 어려울, 준괘	둔 준

ㄹ

鑾	: 방울 보습	란 거
倞	: 멀 굳셀	량 경

120

犁	: 쟁기	려
	얼룩소	리
	떨	류
蠡	: 표주박, 좀먹을	려
	옴	라
癘	: 염병	려
	문둥병	라
鬲	: 솥	력
	막을	격
獫	: 개	렴
	오랑캐이름	험
輧	: 사냥수레	령
	굴대빗장가죽	렴
怜	: 영리할	령
	불쌍히여길	련
冽	: 맑을	례
	찰	렬
輅	: 수레	로락
	끝	락
	맞이할	아
論	: 말할, 논할	론
	차례	륜
瀧	: 비올	롱
	여울	랑
	땅이름	상
漻	: 깊을	료
	변할	력
獠	: 교활할	료·교
簝	: 제기이름	료·로
蓼	: 여뀌	료
	클	륙
飂	: 높은바람	류·료
綸	: 인끈, 푸른, 낚싯줄, 다스릴	륜
	관건	관
懍	: 두려워할, 삼갈	름

	찰	람
驪	: 검을	리·려
鱺	: 뱀장어	리
	가물치	례
釐	: 이, 다스릴	리
	복	희
狸	: 너구리	리
	묻을	매
蔾	: 납가새	리·려
犛	: 검정소	리·모
纚	: 갓끈	리
	머리싸개	사

ㅁ

膜	: 꺼풀	막
	무릎꿇을	모
莫	: 없을, 아득할, 앓을	막
	저물	모
懣	: 번민할	만·문
娩	: 해산할	만
	순할	연
亡	: 망할, 달아날, 잃을, 죽을	망
	없을	무
茫	: 아득할, 멍할	망
	황홀할	황
浼	: 더럽힐	매
	편히흐를	면
昒	: 새벽	매
	어두울	물
陌	: 길	맥
	일백	백
黽	: 맹꽁이	맹
	힘쓸	민
	고을이름	면

免	: 허락할, 내칠, 면할, 벗을	면
	해산할, 관벗을	문
瞑	: 눈감을, 눈어두울	명
	잘, 아찔할	면
髦	: 더펄머리	모
	오랑캐	무
貌	: 모양, 얼굴	모
	모뜰	막
瑁	: 대모	모·매
獏	: 짐승이름	모
	맹수이름	맥
某	: 아무개	모
	매화나무	내
茆	: 순채	묘
	띠	모
	갯버들	류
藐	: 작을, 업신여길	묘
	멀	막
瞀	: 흐릴, 어지러울	무
	야맹	목
繆	: 얽을	무
	사당차례	목
	목맬	규
	두를	료
毋	: 없을, 말	무
	관이름	모
憮	: 어루만질	무
	아리따울	후
	클	호
務	: 힘쓸, 일	무
	업신여길	모
瞞	: 부끄러워할	문
	속일	만
絻	: 상복	문
	갓	면

吻	: 어둑새벽	물·홀
靡	: 쓰러질, 없을, 사치할	미
	갈	마
亹	: 힘쓸, 문채날	미
	골어귀	문
湣	: 시호이름	민
	정해지지않을	혼
緡	: 낚싯줄, 돈꿰미	민
	새우는소리	면
宓	: 편안할, 잠잠할	밀
	사람이름	복

ㅂ

樸	: 통나무, 순박할	박
	더부룩하게날	복
撲	: 칠	박
	길들이지않을	복
趵	: 발로차는소리	박
	뛸	표
瓟	: 오이	박
	박	포
反	: 되풀이할, 되받을, 반대할, 돌아올, 거스를, 배반할	반
	뒤칠	번
	팔	판
弁	: 즐거워할	반
	급할, 서둘, 고깔, 관	변
泮	: 반수, 나뉠	반
	경계, 밭두둑	판
蹣	: 비틀거릴	반
	넘을	만
頒	: 펼, 나눌, 머리반쯤셀	반
	머리클	분
泼	: 찰	발·불

艴	: 발끈할		발·불	騈	: 나란히할	변
旁	: 곁, 기댈, 널리		방		땅이름	병
	달릴		팽	鞞	: 칼집	병
龐	: 높은집, 클, 어수선할		방		마상북	비
	살찔		롱	捗	: 거둘	보
培	: 북돋울, 가꿀		배		질	척
	언덕		부	卜	: 점, 점칠	복
魄	: 넋, 넋잃을		백		짐바리	짐
	넋잃을		탁	伏	: 숨을, 감출, 굴복할, 절후	복
	찌꺼기		박		안을	부
佰	: 일백, 백사람어른		백	復	: 회복할, 대답할, 갚을, 되풀이할	복
	길, 거리		맥		다시	부
伯	: 맏, 첫, 우두머리, 백작,			洑	: 돌아흐를, 스며흐를	복
	큰아버지		백		보	보
	두목		패	複	: 겹옷, 겹칠	복
柏	: 나무이름, 잣, 잣나무		백		거듭	부
	닥칠		박	覆	: 엎어질, 배반할, 되풀이할	복
潘	: 뜨물, 소용돌이		번·반		덮을, 덮개	부
番	: 차례		번	踣	: 넘어질	복·부
	땅이름		반	否	: 아닐, 막힐	부
	날랠		파		나쁠, 괘이름	비
繁	: 성할, 많을, 번거로울, 잦을		번	扶	: 붙들, 도움	부
	뱃대끈		반		길	포
僻	: 궁벽할, 치우칠		벽	俛	: 숙일	부
	피할		피		힘쓸	면
	성가퀴		비	頫	: 숙일, 굽힐	부
辟	: 임금, 임, 법, 물리칠		벽		뵐, 볼	조
	피할		피	父	: 아비, 아버지	부
鈚	: 갈이그릇		벽		자	보
	깰		백	莩	: 장부, 홀	부
便	: 똥, 오줌, 문득, 곧		변		누에발	박
	편할, 아첨할, 소식, 편의		편	莩	: 갈대청	부
辨	: 나눌, 분별할		변		굶어죽을	표
	갖출		판	北	: 북녘	북
	두루		편		달아날	배

肦	큰머리 부세	분 반
茀	풀숲, 복, 다스릴, 막힐 숨쉴	불 발
怫	답답할, 발끈할 어그러질	불 패
拂	떨어뜨릴, 떨칠, 털, 먼지떨이 도울	불 필
不	아니, 아니할 아닌가	불 부
佛	부처, 어그러질 성할	불 발
硼	붕사 돌소리	붕 평
萆	도꼬로마(약초) 가릴	비 폐
芾	작을 우거질 슬갑	비 불 필
淠	물이름, 더부룩할, 배떠나갈 움직일	비 패
賁	꾸밀 결낼, 클	비 분
躄	외발로 설 벽제	비 필
篚	가리, 종다래끼 떼	비 패
泌	샘물졸졸흐를, 스밀	비·필
沸	끓을 용솟음할	비 불
椑	감나무 널	비 벽
匪	도둑, 악할, 아닐, 문채날 나눌	비 분
馮	탈, 오를, 업신여길, 기댈	빙

	성(姓)	풍

人

齇	주부코	사·차
邪	간사할, 사기 그런가	사 야
蛇	뱀 구불구불할	사 이
莎	사초 잔디	사 수
舍	집, 폐할, 놓을, 베풀, 쉴 둘	사 석
糸	실 실, 다섯홀	사 멱
斯	이, 어조사 천할	사 시
屣	신	사·시
斜	비낄, 기울 골짜기이름	사 야
射	쏠 맞힐 벼슬이름 싫을	사 석 야 역
厶	사사, 나 아무	사 모
寺	마을, 절 내시, 모실	사 시
削	깎을, 빼앗을 칼집 채지	삭 초 소
索	노, 새끼, 헤어질, 쓸쓸할 찾을, 더듬을	삭 색
姍	헐뜯을 비척거릴	산 선

殺	: 죽일, 지울		살
	덜, 매우		쇄
縿	: 기폭		삼
	생초		초
霎	: 비올		삽
	천둥번개칠		잡
	빛날		합
塞	: 변방, 요새		새
	막을, 막힐		색
荗	: 아름다울		서
	마		여
絮	: 솜, 헌솜, 버들개지, 지루하게이		
	야기할		서
	간맞출		처
洗	: 씻을, 조촐할		선
	씻을		세
先	: 앞, 앞설, 전구, 먼저		선
	옛		세
亘	: 구할		선
	굳셀		환
羨	: 부끄러워할, 나머지, 넘칠		선
	묘도		연
說	: 말씀		설
	달랠		세
	기뻐할		열
	벗을		탈
挈	: 이끌		설
	끊을		계
渫	: 칠, 흩뜨릴, 업신여길		설
	출렁출렁할		접
泄	: 샐, 설사할		설
	많을, 날개칠		예
剡	: 땅이름		섬
	날카로울, 깎을, 벨		염
攝	: 끌어잡을, 대신할, 겸할		섭
	고요할		녑
屧	: 나막신		섭·첩
省	: 볼, 관청, 성		성
	덜		생
貰	: 세낼, 놓아줄		세
	죄용서할		사
稅	: 세금, 놓을		세
	추복입을		태
	풀, 벗을		탈
	기쁠		열
	수의		수
篲	: 살별(혜성)		세
	비		수·세
繰	: 켤		조
	아청빛비단		소
翛	: 날개찢어질		소
	빠를		유
訴	: 하소연할, 송사할		소
	송사		송
釗	: 볼		소
	사람이름		교
	쇠, 힘쓸, 쇠뇌고동		쇠
愬	: 하소연할		소
	두려워할		색
召	: 이를, 부를		소
	대추		조
梢	: 마들가리		소
	나무끝		초
樔	: 풀막		소
	끊을, 끊일		초
炤	: 밝을		소
	비출		조
箾	: 퉁소		소
	무곡이름		삭
釃	: 술거를		소·시

屬	붙을, 무리, 이을		속
	부탁할, 조심할		촉
率	거느릴, 앞장설, 소탈, 경솔할, 강, 대략		대 솔
	율, 비례		율
頌	찬송할, 기릴		송
	얼굴		용
憃	어리석을		송
	천치		창
洒	뿌릴		쇄
	씻을		세
	엄숙할		선
	험할		최
衰	쇠할		쇠
	줄일		최
	도롱이		사
誶	꾸짖을, 간할		수
	고할		쇄
	물을		신
需	구할, 요구, 기다릴, 머뭇거릴		수
	연할		연
隧	굴, 길		수
	떨어질		추
睢	물이름		수
	부릅떠볼		휴
粹	순수할, 오로지		수
	빻을		쇄
嗾	부추길, 개부르는소리		수·주
嗽	기침할, 양치질할		수
	빨		삭
數	운수, 셈, 꾀, 셈할, 헤아릴, 여섯, 서너너덧		대 수
	자주		삭
	촘촘할		촉
搜	찾을		수
	어지러울		소
帥	장수		수
	거느릴		솔
俶	비로소, 착할		숙
	기개 있을		척
宿	묵을, 지킬, 오랠		숙
	별		수
錞	악기이름		순
	창고달		대
純	순수할, 천진할, 실, 오로지, 드러울		부 순
	묶을		돈
	검을		치
盾	방패		순
	사람이름		돈
眴	눈깜짝할, 눈짓		순
	아찔할		현
恂	두려워할		순
	갑자기		준
拾	주울		습
	열		십
丞	도울, 이을, 벼슬이름		승
	나아갈		증
示	보일, 가르칠		시
	귀신		기
施	베풀, 줄		시
	옮길, 옮을		이
柴	섶, 막을		시
	울짱		채
鍉	숟가락, 열쇠		시
	살촉		적
識	알, 식견		식
	적을		지
	깃발		치
食	밥, 음식, 먹을, 헛말, 양식		식

	먹일, 기를, 밥	사		한가할	어
	사람이름	이		흉노왕비	연
植	: 심을	식	匼	: 아첨할	암
	둘	치		맞아모일	압
椹	: 오디, 버섯	심	唵	: 어두울	암
	모탕	침		음우	엄
燖	: 삶을, 데울	심	泱	: 깊을, 넓을	앙
	삶을	천		구름일	영
黮	: 오디	심	艾	: 쑥, 약쑥, 늙을, 늙은이, 예쁠	애
	검을	담		다스릴, 벨	예
	어두울	탐	唈	: 흐느껴울	애·읍
氏	: 씨	씨	唉	: 놀라물을, 대답하는소리	애
	나라이름	지		탄식할	희
			隘	: 좁을, 더러울, 험할	애
	○			막을	액
			餲	: 밥쉴	애·알
蛾	: 나방, 눈썹	아	皚	: 이드러날	애·의
	개미	의	阨	: 말막힐, 고난	액
衙	: 마을	아		험할, 좁을	애
	막을	어	耶	: 그런가, 아버지	야
啞	: 벙어리, 놀랄, 까마귀우는소리	아		간사	사
	웃음소리	액	若	: 반야, 난야, 절	야
亞	: 버금, 무리	아		같을, 너, 만약, 어조사, 및	약
	누를	압	趯	: 뛸	약·적
兒	: 아이, 아들, 젊은남자의 애칭	아	躍	: 뛸	약
	성	예		빨리달릴	적
樂	: 풍류	악	攘	: 물리칠, 덜, 걷을	양
	즐길	락		어지럽힐	녕
	좋아할	요	於	: 어조사	어
剭	: 형벌할	악		오홉다할	오
	죽일	옥	鋙	: 어긋날	어
惡	: 모질, 나쁠	악		산이름	오
	미워할, 부끄러워할, 어찌	오	薏	: 연밥알	억
犴	: 이드러날	안·언		율무	의
閼	: 막을	알	諺	: 상말	언

	사나울	안
讞 : 평의할		언·얼
俺 : 나		엄·암
殗 : 앓을, 겹칠		업
죽을		엄
畬 : 삼년된밭		여
화전		사
斁 : 싫어할		역
패할		두
易 : 주역, 바꿀		역
쉬울		이
淢 : 빨리흐를		역
도랑, 해자		혁
亦 : 또, 또한		역
클		혁
埏 : 땅가장자리		연
이길, 부드러운흙		선
縯 : 길		연
당길		인
沇 : 물이름		연
흐를		유
厭 : 싫을, 미워할, 물릴, 만족할,		
덮을		염
누를		엽
젖을		읍
炎 : 탈, 불꽃, 더울		염
아름다울		담
魘 : 잠꼬대할		염
가위눌릴		엽
靨 : 사마귀		염
검은점		암
葉 : 잎, 세대, 장, 성		엽
고을이름		섭
瑩 : 옥돌, 맑을, 밝을		영
옥빛, 조촐할		형

濊 : 더러울, 종족이름		예
그물치는소리		활
曳 : 훨훨날		예
샐		설
枻 : 노		예
도지개		설
蕊 : 꽃술, 꽃		예
모일		전
蘁 : 거스를		오
꽃받침, 놀랄		악
隩 : 숨길		오
따뜻할, 거처		욱
塢 : 물가, 뭍	오·욱	
奧 : 안, 깊을, 방의서남구석		오
따뜻할		욱
洿 : 웅덩이, 더러울		오
물들일		호
澳 : 깊을		오
후미, 굽이		욱
燠 : 위로할		오
따뜻할		욱
榲 : 기둥		온
올발		올
哇 : 음란한소리, 아이소리		와
음란한소리		왜
娃 : 예쁠	와·왜	
媧 : 여신이름	와·왜·과·괘	
鼃 : 개구리, 음란할	와·왜	
宛 : 굽을, 완연, 작을		완
나라이름		원
齃 : 숨찰		왜
콧숨		회
騧 : 공골말	왜·과	
蛙 : 음란할		왜
개구리		와

漢字	뜻	음
盃	비뚤	왜·외·이
湀	빠질, 물결 일, 흐릴	외·위
聵	천생귀머거리	외·회
宎	움펑눈, 멀, 어리둥절할	요·면
銚	냄비, 가래	요·조
聳	솟을, 권할, 두려워할	용·송
舂	찧을, 종용할, 오랑캐이름	용·종·창
傭	품팔이할, 고를, 천할	용·총
訏	클, 시끄러울	우·호
芋	토란, 클	우·후
喁	화답할, 입벌름기릴	우·옹
吽	개짖는소리, 소울	우·음
菀	동산, 문채날, 사람모이는곳, 막힐	원·울
蜿	용의 모양, 꿈틀거릴	원·완
黿	자라, 규각없을	원·완
湲	흐를	원·안
罻	그물	위·울
蔚	무성할, 제비쑥, 고을이름	위·울
餧	먹일, 주릴	위·뇌
尉	벼슬이름, 편안히할, 다리미	위·울
熨	다리미, 다릴	위·울
浟	흐를, 바랄	유·적
猶	원숭이, 망설일, 같을, 오히려, 꾀, 꾀할, 움직일	유·요
有	가질, 있을, 또	유·우
嬬	아내, 약할	유·수
幼	어릴, 아이, 짚을	유·요
遺	남을, 끼칠, 버릴, 잃을, 잊을, 다를	유·수
陯	넘을, 멀	유·요
踰	넘을, 멀	유·요
窬	협문, 뚫을	유·두
窳	이지러질, 게으를, 우묵할	유·와
臾	잠깐, 권할, 삼태	유·용
齦	잇몸, 깨물	궤·은·간
唫	우물우물할, 성할	읍·의
浥	젖을, 적실, 흐를	읍·압
揖	읍할	읍

	모일	집
猗 :	불깐개, 아, 길 부드러울	의 아
倚 :	의지할, 치우칠 기이할	의 기
嶷 :	산이름 숙성할	의 억
齮 :	뾰족할	의·억
耏 :	구레나룻 수염깎을	이 내
訑 :	으쓱거릴 속일 방탕할	이 타 탄
鮧 :	아감젓, 큰메기	이·제
迤 :	연할 갈	이 타
隶 :	미칠	이·대
頤 :	기를, 턱 탈날	이 탈
飴 :	엿 먹일	이 사
洟 :	콧물 눈물	이 체
湮 :	빠질 막힐	인 연
咽 :	목구멍 목멜	인 열
黫 :	검을	인·은
軼 :	지날, 잃은 번갈아 수레바퀴	일 질 철
佚 :	달아날, 즐길 방탕할, 갈마들	일 질
賸 :	남을	잉·싱

ㅈ

炙 :	구울, 가까이할, 고기구이	자·적
玆 :	검을, 흐릴, 이에, 이 검을	자 현
眥 :	원망스럽게볼 눈초리	자 제
耤 :	빌릴 갈	자 적
刺 :	찌를, 가시, 헐뜯을, 책망할, 느질할, 자자할, 명함 칼로찌를 수라	바 자 척 라
藉 :	빌릴, 깔, 도울, 가령 왁자할, 적전	자 적
觜 :	별이름 부리	자 취
酢 :	잔돌릴 초	작 초
醋 :	잔돌릴 초	작 초
柞 :	떡갈나무 발매할	작 책
爝 :	횃불, 비칠	작·조
繳 :	주살, 실 얽힐	작 교
芍 :	작약 연밥	작 적
棧 :	잔교, 창고 성할	잔 전
跧 :	엎드릴	잔·전
湛 :	괼, 맑을, 깊을 잠길, 담글	잠 침
歜 :	김치	잠

	노할, 사람이름	촉		상수리나무	서
詀	희학질할, 교묘히 말할 속삭일	잠·점 첩	苴	삼, 꾸러미 거적 마른풀, 고목	저 조 차
張	벌일, 베풀, 시위얹을, 당길, 자랑할, 고집할, 원인, 나아갈 배부를	장 장 창	菹	김치, 절일 늪	저 자
牂	숫양 양	장 양	著	나타날, 지을 붙을, 다다를, 손댈, 입을, 쓸, 신을	저 착
駔	준마, 중도위, 서툴 끈꼴	장 조	蹢	굽 머뭇거릴	적 척
薔	장미 물여뀌	장 색	翟	꿩 고을이름	적 책
齎	가져갈, 가져올, 아(탄성) 가질, 지닐	재 제	𩲱	귀신 손가락질할	적 니
岾	고개 절이름	재 점	籍	문서, 밟을, 올릴 온화할	적 자
纔	겨우, 잠깐 잿빛	재 삼	剗	벨 깎을	전 잔
載	실을, 이룰, 해, 가득할 일	재 대	塡	메울, 북소리, 만족할 진정할, 오램	전 진
齋	재계할, 집, 방 상복아랫단홀	재 자	澶	땅이름 방종할, 멀	전 단
鎗	금석소리, 술그릇 창	쟁 창	竱	가지런할	전·단
砥	이를 숫돌, 갈, 바칠	저 지	輾	돌, 구를 연자매	전 연
岨	험할, 돌산 울퉁불퉁할	저 서	雋	살진고기 영특할	전 준
狙	겨냥할 갈	저 조	茁	싹 싹틀, 자랄	절 찰
抵	닥뜨릴, 겨룰, 이를, 당할 칠	저 지	折	굽힐, 꺾을, 결단할, 일찍죽을 천천할	절 제
杼	북, 도토리, 상수리 물통	저 서	梲	동자기둥 막대기	절 탈
芧	매자기	저	晢	밝을	절

	별반짝반짝할	제
漸 :	차차, 흐를, 물들, 물들일,	적
	실, 젖을, 나아갈, 점괘	점
摺 :	개킬, 접을	접
	꺾을, 부러뜨릴	납
菁 :	순무, 화려할	정
	우거질	청
玎 :	옥소리	정·쟁
証 :	간할	정
	증거	증
躋 :	찰	제
	힘쓸	지
嚌 :	아름다운모양	제
	작은집	재
齊 :	가지런할, 다스릴	제
	상복아랫단	자
	재계할	재
諸 :	모든, 여러	제
	김치	저
荑 :	띠싹, 돌피	제
	벨, 깎을	이
劑 :	약지을, 약제	제
	자를, 어음	자
弔 :	조상할, 불쌍히여길	조
	이를, 매어달	적
措 :	베풀, 놓을, 처리할	조
	잡을	책
厝 :	둘	조
	숫돌	착
耡 :	부세	조
	한가지갈	저
	호미	서
詔 :	조서, 가르칠	조
	소개	소
調 :	고를, 맞을	조

	아침	주
鏃 :	살촉	족·촉
足 :	발, 족할	족
	지날, 보탤	주
尊 :	높을, 공경할, 어른	존
	술그릇	준
踤 :	찰, 부닥칠, 밟을	졸
	모일	취
啁 :	새지저귈	주
	지껄일	조
幬 :	차휘장, 휘장	주
	덮을	도
蔟 :	태주, 정월	주
	모일	족
鬻 :	죽, 미음	죽
	어릴	국
	팔	육
粥 :	죽, 미음	죽
	팔	육
準 :	법도, 표준, 바로잡을, 평평할,	
	고를, 비길, 준할	준
	콧마루	절
則 :	곧	즉
	법, 법칙, 본받을	칙
楫 :	노	즙·집
緝 :	이을, 지을, 잡을, 화합할	즙
	모을, 모일	집
汁 :	즙, 국물	즙
	맞을, 화합할	협
躓 :	넘어질	지·질
祇 :	복, 다만	지
	편안할	제
坻 :	물가, 모래톱	지
	언덕	저
直 :	곧을, 바로, 당할, 번들, 번	직

	값	치
織	: 짤, 만들	직
	기치	치
辰	: 다섯째지지	진
	별이름, 일월성	신
趁	: 쫓을	진
	밟을	전
紖	: 고삐	진·인
瑱	: 귀막이옥, 옥	진·전
甄	: 질그릇구울, 가르칠	진
	장인	견
迭	: 갈마들	질
	범할	일
什	: 세간, 가구	집
	열, 옆사람	십
徵	: 거둘, 효험, 부를, 조짐	징
	음률이름	치

ㅊ

且	: 또, 또한, 우선, 구차스러울, 이	차
	어조사	저
車	: 수레, 잇몸	차
	수레	거
硨	: 옥돌, 조개이름	차·거
嵯	: 산높을	차
	울쑥불쑥할	치
嗟	: 탄식할	차
	새소리, 소리쳐부를	책
斵	: 벨	착
	깎을	작
笮	: 좁을	착
	짤	자
	자자	작
錯	: 꾸밀, 줄, 숫돌, 그릇할, 썩일,	
	썩을	착
	둘	조
鑿	: 끌, 뚫을, 대낄	착
	구멍	조
餐	: 밥, 먹을	찬
	물만밥	손
參	: 참여할, 견줄, 뵐, 섞일,	
	가지런하지 않을	참
	석, 셋	삼
槧	: 분판, 판	참
	편지	첨
靫	: 전동	채·차
瘥	: 병나을	채
	작은역질	차
筴	: 꾀	책
	젓가락	협
跖	: 편편할	척
	삼갈	축
剔	: 뼈바를	척
	깎을, 벨	체
擿	: 던질, 긁을	척
	들출	적
拓	: 넓힐	척
	박을	탁
倩	: 예쁠, 빌	천
	고용할	청
儃	: 머뭇거릴	천
	찬찬할	단
	사양할	선
煓	: 불땔, 빛날	천
	따뜻할	단
薦	: 드릴, 천거할, 자리, 거듭	천
	꽂을	진
綪	: 붉은비단	천
	고낼	쟁

醊	: 부을	철·체
詹	: 이를, 볼	첨
	넉넉할	섬
沾	: 젖을, 적실	첨
	엿볼	점
	경망할	접
檐	: 처마, 전	첨
	질	담
喋	: 말잘할, 밟을	첩
	쪼아먹을	잡
啑	: 헐뜯을	첩
	쪼아먹을	삽
帖	: 장부, 문서, 좇을, 약첩, 타첩할	첩
	체지	체
褶	: 덧옷	첩
	사마치	습
	주름	접
鯖	: 청어	청
	열구자	정
醊	: 모사술	체
	차례지낼	철
逮	: 쫓을, 잡을	체
	미칠	태
遰	: 떠날	체
	갈	서
釱	: 차꼬	체
	비녀장	대
棣	: 산앵두나무, 통할	체
	익숙할	태
攲	: 우뚝설	체
	키	타
掣	: 끌	체
	당길	철
切	: 모두, 온통	체
	떨어질, 절박할, 끊을, 벨, 썰, 갈, 문지를, 정성스러울, 적절할	절
蒂	: 꼭지, 꽃받침	체
	가시	대
俏	: 닮을, 아리따운	초
	거문고돌려놓는소리	소
哨	: 보초설	초
	수다스러울	소
招	: 부를	초
	별이름	소
綃	: 생사	초
	건	소
趠	: 달릴, 넘을	초
	멀	탁
肖	: 닮을, 작을	초
	쇠할, 흩어질	소
躅	: 머뭇거릴	촉
	자취	탁
促	: 재촉할, 촉박할	촉
	악착스러울	착
潈	: 흘러들어갈	총·종
蓯	: 우거질	총
	육종용	종
葱	: 파, 푸를	총
	짐수레	창
鏦	: 창	총
	찌를, 울리는소리	창
銼	: 가마솥	촤
	꺾을	좌
摧	: 누를, 꺾을, 밀칠	최
	꼴, 꼴벨, 여물먹일	좌
魋	: 몽치, 몽둥이	추
	사람이름	퇴
隹	: 새	추
	높을	최
追	: 쫓을, 따를	추

134

	갈	퇴
錘	: 중량이름, 저울추	추
	드리울	수
鎚	: 철추, 저울추	추
	옥다듬을	퇴
槌	: 망치, 칠	추·퇴
推	: 밀, 옮길, 미루어헤아릴, 천거할	추
	밀	퇴
湫	: 못, 웅덩이, 서늘할, 근심할, 슬퍼할	추
	낮을, 좁을, 쌓일	초
趨	: 추창할, 향할	추
	재촉할	촉
妯	: 동서(형제 처의 상호 호칭)	축
	마음동할, 슬퍼할	추
柚	: 바디	축
	유자나무	유
絀	: 꿰맬, 물러갈	출
	굽을	굴
怵	: 두려워할, 슬퍼할	출
	꾈	술
虫	: 벌레	충·훼
萃	: 모을	췌
	스칠	쵀
臭	: 냄새, 썩을, 더러울, 더럽힐	취
	맡을	후
趣	: 추창할, 뜻, 풍치	취
	재촉할	촉
橇	: 썰매	취·교
甾	: 묵정밭, 얼굴, 쪼갤	치
	재앙	재
薙	: 깎을	치·체
豸	: 벌레, 풀릴	치
	해태	채

眙	: 눈여겨볼, 부릅떠볼	치
	땅이름	이
阤	: 무너질	치
	허물어질	시
	비탈질	타
儭	: 어버이	친
	속옷	츤
沈	: 가라앉을, 빠질	침
	성(姓)	심

ㅌ

隋	: 떨어질	타
	수나라	수
墮	: 떨어뜨릴	타
	게으를, 무너질	휴
啄	: 쪼을, 두드릴	탁
	부리	주
脫	: 벗을, 벗어날, 빠질	탈
	기뻐할	태
酖	: 즐길, 빠질	탐
	짐새술	짐
闒	: 천할, 용렬할	탑
	창	흡
帑	: 나라곳집	탕
	처자	노
逿	: 넘어질	탕
	찌를	당
詒	: 속일	태
	줄	이
台	: 별이름, 대감	태
	나, 기뻐할	이
駄	: 짐실을, 태울	태·타
宅	: 집, 구덩이	택
	댁(××댁)	댁

菟	: 새삼, 토끼	토
	고을이름	도
筩	: 대통	통
	전동	용
桶	: 통(수통)	통
	되	용
焞	: 성할, 어스름할	퇴·돈
婾	: 도둑질할, 간교할	투
	엷을, 즐거워할	유
投	: 던질, 보낼, 줄, 의탁할, 맞을	투
	구두(句讀)	두
鬪	: 싸울	투·각

ㅍ

跛	: 절뚝발	파
	기우듬히설	피
罷	: 파할, 그만둘, 내칠	파
	병거	피
帕	: 배띠	파
	싸맬, 머리띠	말
波	: 물결, 움직일	파
	방죽	피
悖	: 어그러질	패
	우쩍일어날	발
捭	: 던질, 질	패
	열	벽
弸	: 화살소리	팽
	채울, 찰	붕
彭	: 성(姓), 땅이름	팽
	많을, 세찰, 부풀	방
編	: 엮을, 얽을, 맬, 책끈, 책, 편	편
	땋을	변
苹	: 쑥, 풀무성할, 돌, 사과	평
	병거	편

平	: 다스릴, 평평할	평
	고루다스려질	편
暴	: 사나울, 갑자기, 모질게굴	포
	쬘, 나타낼	폭
瀑	: 소나기, 거품	포
	폭포	폭
麃	: 고라니	포
	굳셀	표
幅	: 폭	폭
	행전	핍
稟	: 사뢸, 받을, 바탕	품
	곳집	름
陂	: 못, 방죽, 둑, 기울어질	피
	비탈질	파
匹	: 짝, 상대, 천한사람, 동물따위를 세는단위	필
	집오리	목
疋	: 필	필
	발	소
泛	: 물소리	핍
	뜰	범

ㅎ

涸	: 마를	학·후
貉	: 오소리	학
	오랑캐	맥
閒	: 틈, 한가할, 조용할	한
	사이	간
熯	: 말릴	한
	사를	선
邯	: 조나라서울	한
	사람이름	함
翰	: 붓, 글, 편지, 날	한
	줄기	간

頷	턱 끄덕일	함 암	
闞	고함지를 울	함 감	
盍	어찌 아니할, 합할, 모일 할단새	합 갈	
合	합할, 맞을 홉	합 흡	
柙	나무이름, 우리 궤	합 갑	
降	항복할 내릴	항 강	
恆	항구, 항구히, 항상 반달	항 긍	
害	해칠, 방해할, 요해처 어찌	해 할	
絃	묶을 굵은실	해 핵	
覈	핵실할, 씨 보리싸라기	핵 흘	
行	다닐, 행실, 길갈, 여행, 행서, 오행 항렬, 줄	행 항	
向	나아갈, 향할, 이전 접때 성(姓), 땅이름	향 상	
許	허락할, 바랄, 나아갈, 나라이름 이영차	허 호	
歇	쉴, 다할 개	헐 갈	
憸	간사할	헐·섬	
鹼	소금기 잿물	험 감·검	
嚇	성낼, 꾸짖을 위협할, 웃음	혁 하	
嬛	산뜻할	현	

	홀몸	경	
倪	엿볼, 두려워할 비유할	현 견	
縼	얽을, 맬 엷은비단	현 환	
銅	노구, 옥소리 쓸	현 견	
絜	헤아릴 깨끗할	혈 결	
脅	으를, 겨드랑이 으쓱거릴	협 흡	
嗛	넉넉할, 상쾌할 머금을, 한(恨)할	협 함	
亨	형통할 드릴	형 향	
桁	도리 차꼬, 횃대	형 항	
鈃	술그릇 나라이름	형 견	
楛	나무이름 서칠	호 고	
皜	흴	호·고	
雇	새이름 품살	호 고	
棍	묶을 몽둥이, 곤장	혼 곤	
圂	뒷간, 돼지우리 가축	혼 환	
仡	날랠, 높을 흔들릴	홀 올	
紅	붉을, 연지 상복이름, 길쌈	홍 공	
鬨	싸울	홍·황	
鋘	가래 산이름	화 오	

攫	: 덫 잡을	화·확 획
喎	: 고를 입비뚤어질	화 와
臒	: 진사 붉을	확 호
靃	: 나는소리 쇠잔할	확 수
貜	: 원숭이 칠	확 격
濩	: 삶을 퍼질	확 호
還	: 돌아올, 돌아갈, 갚을 돌	환 선
擐	: 꿸	환·관
圜	: 둘러쌀 둥글, 제사터	환 원
活	: 살, 살림, 생기있을, 응용할 물콸콸흐를	활 괄
滑	: 반드러울, 교활할 어지러울, 흐릴, 흐리게할	활 골
磺	: 유황 광석	황 광
繣	: 어긋날 깨어지는소리	홰 획
獪	: 교활할	회·쾌
鮖	: 누워숨쉴	회·희
獲	: 얻을, 종 실심할	획 확
畵	: 가를, 꾀할, 꾀, 획 그림, 그릴	획 화
耾	: 귀에말할, 큰소리 귀먹을	횡 굉
詨	: 뜻클, 자랑할 닭울	효 교

嘔	: 기뻐할 토할	후 구
詬	: 꾸짖을 욕할	후 구
薨	: 훙서 많을, 빠를	훙 횡
烜	: 마를, 말릴, 빛날 불	훤 훼
讙	: 시끄러울	훤·환
貆	: 오소리	훤·환
虺	: 살무사, 작은뱀 고달플	훼 회
煒	: 빛, 빛날 붉을, 성할	휘 위
撝	: 가리킬, 찢을 도울	휘 위
潏	: 샘솟을 사주	휼 술
訢	: 기뻐할 찔	흔 희
狠	: 어길, 패려궂을 개싸우는소리	흔 한
扱	: 가두어가질 짚을 취급할	흡 삽 급
豨	: 멧돼지, 돼지 황제이름	희 시
犧	: 희생 술그릇	희 사
咥	: 허허웃을 깨물	희 질
噫	: 탄식할, 한숨쉴 트림할	희 애
戲	: 희롱할, 놀, 연극 서럽다할	희 호

모양이 비슷한 한자

- 刀(도) : 칼
- 力(력) : 힘

- 人(인) : 사람
- 入(입) : 들다
- 八(팔) : 여덟

- 干(간) : 방패
- 于(우) : 어조사
- 千(천) : 일천

- 己(기) : 몸
- 已(이) : 이미
- 巳(사) : 뱀

- 大(대) : 크다
- 太(태) : 크다
- 犬(견) : 개

- 才(재) : 재주
- 寸(촌) : 마디

- 土(토) : 흙
- 士(사) : 선비

- 今(금) : 이제
- 令(령) : 명령

- 比(비) : 견주다
- 北(북) : 북쪽
- 此(차) : 이

- 水(수) : 물
- 氷(빙) : 얼음
- 永(영) : 길다

- 手(수) : 손
- 毛(모) : 털

- 午(오) : 낮
- 牛(우) : 소

- 友(우) : 벗
- 反(반) : 돌이키다
- 及(급) : 미치다
- 乃(내) : 이에

- 日(일) : 해
- 曰(왈) : 가로되

- 壬(임) : 북방
- 王(왕) : 임금
- 玉(옥) : 구슬

- 天(천) : 하늘
- 夫(부) : 지아비
- 失(실) : 잃다

- 匹(필) : 짝
- 四(사) : 넷

- 甲(갑) : 갑옷
- 申(신) : 펴다

- 巨(거) : 크다
- 臣(신) : 신하

- 古(고) : 옛
- 吉(길) : 길하다

- 代(대) : 대신
- 伐(벌) : 치다

- 卯(묘) : 토끼
- 卵(란) : 알

- 戊(무) : 천간
- 戌(술) : 개

- 未(미) : 아니다
- 末(말) : 끝

- 因(인) : 인하다
- 困(곤) : 곤하다

- 田(전) : 밭
- 由(유) : 말미암다

- 且(차) : 또
- 見(견) : 보다
- 貝(패) : 조개

- 他(타) : 다르다
- 地(지) : 땅

- 布(포) : 펴다
- 市(시) : 시장

- 乎(호) : 어조사
- 平(평) : 평평하다

- 老(로) : 늙다
- 考(고) : 생각하다
- 孝(효) : 효도

- 名(명) : 이름
- 各(각) : 각각

- 亦(역) : 또한
- 赤(적) : 붉다

- 字(자) : 글자
- 宇(우) : 집

- 刑(형) : 형벌
- 形(형) : 모양

- 決(결) : 결단하다
- 快(쾌) : 시원하다

- 技(기) : 재주
- 枝(지) : 가지

- 辛(신) : 맵다
- 幸(행) : 다행하다

- 住(주) : 살다
- 佳(가) : 아름답다
- 往(왕) : 가다

- 村(촌) : 시골
- 材(재) : 재목

- 季(계) : 끝
- 秀(수) : 빼어나다

- 明(명) : 밝다
- 朋(붕) : 벗

- 杯(배) : 잔
- 林(림) : 수풀

- 使(사) : 부리다
- 便(편) : 편하다

- 雨(우) : 비
- 兩(량) : 둘

- 直(직) : 곧다
- 眞(진) : 참

- 彼(피) : 저
- 波(파) : 물결

- 門(문) : 문
- 問(문) : 묻다
- 間(간) : 사이

- 看(간) : 보다
- 着(착) : 붙다

- 苦(고) : 쓰다
- 若(약) : 같다

- 科(과) : 과목
- 料(료) : 헤아리다

- 思(사) : 생각하다
- 恩(은) : 은혜

- 俗(속) : 속되다
- 浴(욕) : 목욕하다

- 重(중) : 무겁다
- 童(동) : 아이

- 眠(면) : 잠자다
- 眼(안) : 눈

- 書(서) : 쓰다
- 晝(주) : 낮
- 畫(화) : 그림

- 逆(역) : 거스르다
- 送(송) : 보내다

- 悅(열) : 기쁘다
- 設(설) : 말하다

- 容(용) : 얼굴
- 客(객) : 손님

- 借(차) : 빌다
- 惜(석) : 아깝다

- 祝(축) : 빌다
- 稅(세) : 세금

- 敎(교) : 가르치다
- 效(효) : 본받다

- 深(심) : 깊다
- 探(탐) : 더듬다

- 鳥(조) : 새
- 烏(오) : 까마귀
- 島(도) : 섬

- 族(족) : 겨레
- 旅(려) : 나그네

- 從(종) : 좇다
- 徒(도) : 무리

- 憶(억) : 생각하다
- 億(억) : 억

- 情(정) : 뜻
- 淸(청) : 맑다
- 精(정) : 정밀하다

- 閉(폐) : 닫다
- 閑(한) : 한가하다

- 開(개) : 열다
- 聞(문) : 듣다

- 飯(반) : 밥
- 飮(음) : 마시다

- 順(순) : 순하다
- 須(수) : 모름지기

- 與(여) : 주다
- 興(흥) : 일다

- 雲(운) : 구름
- 雪(설) : 눈

- 場(장) : 마당
- 揚(양) : 들날리다

- 喜(희) : 기쁘다
- 善(선) : 착하다

- 新(신) : 새롭다
- 親(친) : 친하다

- 勤(근) : 부지런하다
- 勸(권) : 권하다
- 歡(환) : 기쁘다